la
ORACIÓN
de los
JUSTOS

mark templer

la ORACIÓN de los JUSTOS

DPI
DISCIPLESHIP
PUBLICATIONS
INTERNATIONAL

LA ORACIÓN DE LOS JUSTOS

Versión en español del libro The Prayer Of The Righteous © 2000
por Discipleship Publications International (DPI)
One Merrill Street, Woburn, MA 01801

Editor: Dr. Jaime De Anda
Traducción: Clímaco Cárdenas - Colombia. Gloria Rodríguez - Venezuela
Diseño portada y diagramación: María Cristina Mejía
Corrección de estilo y fotografía de portada: Esteban Portela
Impresión: Imprecal Ltda. Bogotá, Colombia

Primera edición: 2000, Segunda edición: 2001

ISBN:958-9 6922 - 0-6

contenido

reconocimientos

Escribir un libro es una labor de amor. Escribir un libro sobre Dios puede parecer una tarea condenada al fracaso desde el principio, porque hay sólo un libro que verdaderamente representa a Dios: la Biblia. Escribir un libro sobre la oración me humilla, porque me obliga a enfrentar profundamente cuán inadecuada es mi actitud ante Dios, y cuán débil es en realidad mi caminar con Él.

No obstante, y consciente de mis limitaciones, quise escribir este libro. Quiero que tú experimentes a Dios de la manera que yo lo he experimentado. Cuando fui bautizado, hice que leyeran la historia del "Endemoniado de Gerasa" (Marcos 5:1-13). Me sentía como él; destruido, consumido por el pecado, atraído por Jesús y temeroso de él al mismo tiempo. Ya no me siento así, y quiero compartir contigo lo que Dios me ha dado.

Muchas personas me han influenciado profundamente. Mi mamá, mi papá y mi hermano, Erec, hicieron todo lo que estuvo a su alcance para ayudarme. Estoy muy agradecido por todo lo que hicieron por mí, y por todo lo que aprendí sobre Dios a través de ellos. Pido perdón por todas las maneras en que los he decepcionado, pero estoy agradecido por la gracia de Cristo en mi vida y oro por su gracia, también.

Muchos autores me han motivado profundamente. Andrew Murray ha escrito grandes libros sobre la oración. *Prayer: Key to Revival,* de Paul Y. Cho, aunque se le ha restado autoridad por alguna problemática teológica, también es un libro que incita a pensar. El libro del Doctor J.I. Parker, *Knowing God*, es un clásico de todos los tiempos, e igualmente *Prayer: Finding the Heart's True Home*, de Richard Foster. El reciente libro de Jerry Bridges, *The Joy of Fearing God*, se perfila para convertirse en un clásico y ha influenciado profundamente mi pensar sobre Dios. Max Lucado es una gran inspiración y Chuck Swindoll tiene una comprensión sobresaliente sobre cosas espirituales. El fantástico libro de Sam Laing, *Be Still, My Soul*, me ha ayudado enormemente en mi caminar con Dios. Douglas Jacoby ha abierto mi mente a la Palabra de Dios, y la Palabra de Dios a mi mente. Mi corazón se ha abierto específicamente sobre quién es Dios y qué es el cielo a través de la predicación de Henry Kriete. Con este libro, el grupo editorial de DPI ha estado brillante, proporcionando muchas sugerencias útiles para mejorar la claridad y el poder del material.

Estoy muy agradecido con mi esposa, Nadine, y mis hijos, Hannah, Luke y Esther, porque me soportaron todo el tiempo, ¡especialmente cuando estaba intentando escribir! Nadine es mi inspiración y mi estímulo, el amor y alegría de mi vida. Muchos, muchos amigos del Reino han tocado mi corazón y mi vida. Nuestros estimados amigos, Douglas y Joyce Arthur, nos han dado tanto a través de los años y nos han mostrado la cruz, la gracia y la alegría de Cristo. Kip y Elena McKean han sido ejemplos vivientes de cuál es el trayecto para caminar sobre las huellas de Jesús.

El Reino Unido y las iglesias irlandesas, sobre todo la iglesia de Londres, nos han dado sus corazones de una manera maravillosa, y apreciamos mucho las amistades que compartimos con tantos aquí en el Reino Unido. Hermanos y hermanas indios y surasiáticos están grabados indeleblemente en nuestros corazones. Nunca nos olvidaremos de ustedes. Nunca los desampararemos.

Espero que disfrutes leyendo este libro tanto como yo he disfrutado escribiéndolo. Siempre puedes cambiar.

LA ORACIÓN DE LOS JUSTOS

"¿Está afligido alguno entre ustedes? Que ore.
¿Está alguno de buen ánimo? Que cante alabanzas.
¿Está enfermo alguno de ustedes? Haga llamar a los ancianos de la
iglesia para que oren por él y lo unjan con aceite en el nombre del Señor.
La oración de fe sanará al enfermo y el Señor lo levantará.
Y si ha pecado, su pecado se le perdonará.
Por eso, confiésense unos a otros sus pecados, y oren unos por otros,
para que sean sanados. La oración del justo es poderosa y eficaz.
Elías era un hombre con debilidades como las nuestras.
Con fervor oró que no lloviera, y no llovió sobre la tierra
durante tres años y medio. Volvió a orar,
y el cielo dio su lluvia y la tierra produjo sus frutos."

Santiago 5:13-18

En este asombroso pasaje de la escritura, Santiago concluye su libro enseñando que la oración es la mejor respuesta a casi todo problema o situación. Nos cuenta sobre los milagros que Dios hizo como respuesta a las oraciones de Elías y nos asombra afirmando que él era simplemente un hombre ordinario, como tú y yo. Qué promesa tan fabulosa: nuestras oraciones pueden tener el mismo impacto.

Deseo eterno

Desde el principio del tiempo, los hombres han orado. Es uno de nuestros instintos más básicos. El alma del hombre anhela una relación con su Creador. La oración nos conecta como humanos al ámbito de Dios, porque cuando oramos, dejamos este mundo de pecado y oscuridad y entramos en la habitación del trono de Dios Omnipotente.

Dios desea profundamente una relación con nosotros. Él ha hecho grandes esfuerzos para asegurarse que tengamos una manera de encontrarlo: Él permitió que su alma y corazón se rasgaran en dos cuando vio a su único hijo ofrecido en la cruz. El momento de mayor dolor de Jesús en la cruz fue cuando clamó,

"Dios mío, Dios mío, ¿por qué me has desamparado?" (Mateo 27:46), porque estaba separado de su padre, y por primera vez estaba incapacitado para orarle.

Acceso ilimitado

En el mundo, las personas se estremecen con un autógrafo, un vistazo a una celebridad o una cita breve con alguien importante. Sin embargo, ¡el Creador eterno y todopoderoso está dispuesto a prestarnos su atención cuando queramos, en cualquier lugar que escojamos! Qué trágico es cuando no aprovechamos el regalo indescriptible de la oración.

Muchos de nosotros no oramos porque no entendemos el poder de Dios y su habilidad para trabajar en nuestra vida diaria. La oración no es simplemente un ritual que "hacemos" para "permanecer salvos". De hecho, la obediencia legalista a las reglas puede llevar a una vida que Isaías condenó:

> "Pues la palabra del Señor para ellos será también:
> 'a-b-c-ch-d, a-e-i-o-u, un poquito aquí, un poquito allá.'
> Para que se vayan de espaldas cuando caminen,
> y queden heridos, enredados y atrapados" (Isaías 28:13).

Pero la oración en el Espíritu Santo, enfocada en el propósito de Dios, puede agitar los cielos y transformar la tierra.

Visión fallida

Dios nos ama mucho y quiere que nosotros lo amemos también. Él nos habla a través de su Palabra, y a través de su dedo que toca nuestras vidas diarias. Nosotros le hablamos en la oración y a través del practicar ser sacrificios vivientes para Cristo. Sin embargo, para muchas personas es difícil amar a un Dios que realmente no conocen. Su visión se oscurece y desvía de Dios por sus difíciles experiencias personales. A través del salmista, Dios dice, *"...¿acaso piensas que soy como tú?"* (Salmo 50:21). Pero Dios no es como nosotros, no es como nuestras familias. Él es infinitamente mejor.

Yo vengo de un hogar destruido, como tantos en el mundo de hoy. Mi padre se fue cuando yo tenía diez años. Lo vi sólo algunos días durante los siguientes quince años de mi vida.

Criado sólo por mi madre, crecí confiado en mí mismo, rebelde y arrogante, incapaz de buscar a un Dios que parecía lejano, si es que existía del todo.

Mi imagen de Dios era deficiente y tenía una falla. En lo profundo de mi corazón pensaba que Él era como mi padre terrenal, distante, o mejor, inexistente casi todo el tiempo. Pero nuestro Padre en el cielo es muy diferente a todo eso: Él está ávido de bendecirnos, amarnos y derramar su gracia sobre nosotros.

Mi visión de Dios empezó a cambiar cuando visité la Iglesia de Cristo en Boston. Yo estaba asistiendo al *Massachusetts Institute of Technology* (MIT), y allí me encontré con hombres que conocían de Dios como Jim Blough, Steve Adkins, Brett Kreider y sobre todo Henry Kriete. Como joven creyente, la cruz quebrantó mi corazón, y empecé a orar. Cuando vi cómo Dios escuchaba mis oraciones, comprendí cuán tonta había sido mi visión de Él, y estaba agobiado con agradecimiento de que Él pudiera salvar a un desgraciado como yo.

Momentos decisivos

Enoc era un hombre común, probablemente viviendo una vida normal por sesenta y cinco años. Sin embargo, después de volverse padre, *"caminó con Dios"* (Génesis 5:21-24). Quizás fue la imagen de su precioso hijo Matusalén, meciéndose en sus brazos, lo que lo hizo apreciar a su Padre celestial. Pero una cosa es clara aquí, hubo un momento decisivo en su relación con Dios. Cambió de forma permanente. Y caminó con Dios trescientos años, hasta que Él lo llevó a la gloria.

Para mí, ese momento decisivo ocurrió cuando era un discípulo en MIT. Un día mi líder de charla bíblica, Brett Kreider, pasó aproximadamente dos horas conmigo, enseñándome cómo orar, haciéndolo juntos. Por ese tiempo había tres jóvenes sinceros que habían estado viniendo a la charla bíblica por meses, pero todavía no habían tomado decisiones con respecto a Cristo. Todos nos habíamos reunido con ellos para animarlos e inspirarlos, pero aun así no cambiaron de opinión. Así que decidí orar (como, estaba seguro, los demás estaban haciendo). Con desesperación y constancia rogué a Dios por sus almas. Tenía tiempos con Dios en los que era radical y sentía que realmente había conectado con Él. Poco después de uno de esos tiempos con Dios, durante un fin de semana, Mark Shelley y Carl Pietrzak tomaron la decisión de seguir a Jesús y se bautizaron en Cristo (Mark está casado ahora con Julie, y juntos lideran la iglesia en Boise, Idaho). Unas semanas después, Kevin Hurst también decidió, de repente, arrepentirse y bautizarse (hasta el momento, él está haciendo grandes cosas como discípulo).

Estaba convencido no sólo de que Dios es real, sino también de que realmente me escuchó. ¡Mis oraciones podrían hacer un impacto en el mundo, porque Dios es grandioso y me escucha! Este fue un momento decisivo que me cambió para siempre. Vi a Jesús angustiado porque sus discípulos ni siquiera pudieron orar durante una hora en el jardín de Getsemaní (Marcos 14:32-42), entonces decidí orar por lo menos una hora, todos los días, por el resto de mi vida. Han pasado quince años, y no he fallado un día. Me siento extraordinariamente cerca de un maravilloso Padre en el cielo que me ama, cuida y vive en mí a través de su Espíritu.

Qué esperar

Estoy escribiendo este libro con la esperanza de que todo aquel que lo lea tenga un cambio similar en su vida espiritual (puede que no llegues a la misma conclusión que yo, puesto que la Biblia no nos ordena orar por un tiempo determinado todos los días, pero todos tenemos que tomar decisiones radicales que nos acerquen a Dios en oración). Permanecemos estancados por nuestros pecados, nuestros traumas pasados y nuestras imágenes distorsionadas de un Dios pequeño o distante que está desvalido o es indiferente a nuestras vidas. ¡Esto está tan lejos de la verdad! La Parte I de este libro pinta una imagen del Dios de quien necesitamos enamorarnos, del Dios que desesperadamente desea un romance divino con cada uno de nosotros. La Parte II explica cómo cada uno de nosotros puede tener una vida de oración que impacte y agite el mundo a nuestro alrededor. ¡Terminemos con los tiempos con Dios protocolarios, las oraciones por ritual y la poca visión! ¡Decidamos cambiar el mundo juntos a través del poder de nuestro Dios Omnipotente!

es un hecho,

DIOS

es

GRANDIOSO

1

Dios está recorriendo los campos

"Supongamos que uno de ustedes tiene cien ovejas y pierde una de ellas.
¿No deja las noventa y nueve en el campo, y va en busca
de la oveja perdida hasta encontrarla? Y cuando la encuentra,
lleno de alegría la carga en los hombros y vuelve a la casa.
Al llegar, reúne a sus amigos y vecinos, y les dice: 'Alégrense conmigo;
ya encontré la oveja que se me había perdido.'"

Lucas 15:4-6

"Todavía estaba lejos cuando su padre lo vio y se compadeció de él;
salió corriendo a su encuentro, lo abrazó y lo besó."

Lucas 15:20

La oración empieza con la imagen correcta de Dios. En Lucas 15, Jesús narra una parábola para ayudar a sus discípulos a entender el corazón de su Padre. Una oveja se había extraviado. El pastor sólo tuvo una cosa en su mente: buscar a la oveja hasta encontrarla (v. 5). Recorrió los campos, las colinas, buscando con todo su corazón. Probablemente se empapó en sudor, con lodo en sus zapatos o sus sandalias. Pero cuando encontró la oveja, se puso muy contento. Se inclinó, colocó la oveja sucia en sus hombros, regresó corriendo por los campos, y reunió a sus amigos y vecinos. Entonces dio una fiesta espectacular para celebrar.

Dios es el pastor. Nosotros somos las ovejas perdidas. Él ha hecho grandes esfuerzos sólo para tener una relación contigo y conmigo. Él piensa que nosotros valemos la pena. Cuando entiendes esto, es mucho más fácil orar.

Recuerdos dolorosos

Papá creció con un padre que trabajó duro, pero que no pasó mucho tiempo con sus hijos. Mi padre imitó el ejemplo de su padre, así que cuando yo llegué, él no me dedicó mucho tiempo. En diez años juntos, la única experiencia que recuerdo haber compartido con él fue cuando fuimos a ver la película *El Planeta de los Simios.* Eso fue todo. Cuando yo tenía diez años, decidió irse. Me tendí en el piso afuera de su alcoba, llorando, rogando para que él se quedara. Pero se fue, y apenas si lo vi durante los siguientes quince años. Aunque no lo sabía en ese entonces, estos eventos influyeron profundamente en mi corazón y en mi visión de Dios.

Mi papá no "recorrió los campos" por mí. Yo solo tenía que encontrar la manera de hacerlo. Creciendo solo con una mamá soltera, aprendí a ser fuerte. Ella trabajó muy duro para cuidar de nosotros, pero fueron tiempos difíciles. Yo no creía en Dios; ciertamente no en un Dios que me quisiera, y me era difícil orar.

Algunos de ustedes se hallan en la misma situación. Su pasado les ha dado una mala imagen de Dios, y no están motivados para orar. Sin embargo, necesitamos entender que Dios no está lejos ni es indiferente; Él está recorriendo los campos, listo para hacer cualquier cosa y tener una relación contigo.

Viendo la mano de Dios

Jesús recorrió todo el camino del cielo a la tierra. Él soportó una vida entera como ser humano, sufriendo de manera increíble, sólo para darnos una oportunidad de ser salvos. Él también ha hecho grandes esfuerzos en cada una de nuestras vidas para que podamos tener una relación con su Padre. En Hechos 17:26-27 aprendemos que Dios ha dispuesto el tiempo y lugar donde los hombres deben vivir, para que lo busquen, extiendan su mano hacia Él y lo encuentren. Esta escritura aplica a todas las naciones en la historia humana, pero creo que estos versículos también se aplican a cada individuo. De hecho, *"él no está lejos de cada uno de nosotros"*.

En mi vida puedo ver claramente que ese Dios estaba corriendo detrás de mí. De niño me encontraba muy interesado en la matemática, sobre todo en los números primos. Cuando tenía aproximadamente quince años apareció un artículo sobre los números primos en la revista *Time* que mencionaba a MIT (*Instituto Tecnológico de Massachusetts*) como el centro principal de investigación en matemática. Poco después de esto alguien me preguntó a qué universidad estaba planeando ir. Nunca había pensado en eso antes, pero ya que había leído el artículo de la revista yo dije "MIT". Después de eso, seguí pensando en ir allí.

Tomándolo de forma personal

Douglas Arthur lideró el ministerio universitario de MIT de la Iglesia de Cristo de Boston en el verano de 1981. Él propuso el plan del ministerio de tocar en cada puerta en el *campus* e invitar a cada estudiante a venir a una charla bíblica. Aunque no fui, siempre recordé a los jóvenes que me invitaron, Don Murray y Jeff Zimmer. Me llamaron varias veces, pero aun así no asistí, y eventualmente se rindieron.

El siguiente verano tuve dos accidentes automovilísticos seguidos que me sacudieron profundamente y me hicieron pensar acerca de Dios, la vida y la muerte. Además, en los años anteriores había estado muy interesado en la literatura inglesa y Shakespeare, y durante el verano de 1982 desarrollé un interés hacia el famoso libro que no había leído para nada: la Biblia. Dios estaba trabajando en muchas áreas de mi vida, intentando atraerme a Él.

Unos meses después estaba dolido por algunas de mis relaciones en MIT, y recordé a Don. Lo vi en el *campus* y le pregunté si todavía tenía su grupo de discusión bíblica; se asombró y se entusiasmó por mi pregunta. ¡Cuando fui a la charla bíblica, resultó increíble! Jim Blough y Jeff Zimmer la dirigieron, y así empecé mi jornada espiritual.

Durante quince meses asistí a las actividades y eventos de la iglesia sin tomar una decisión para Cristo. En la medida en que llegué a creer en Dios, empecé a reflexionar sobre las increíbles "coincidencias" que me habían llevado a aprender sobre Jesús. Leí en la Biblia cuánto Dios amaba a cada persona, y podía ver cómo Él me había amado personalmente, mientras recorría los campos, sólo para darme una oportunidad. Además de mi madre, nunca había sabido de alguien que me hubiera amado tanto. ¡Me enamoré de este Dios, me bauticé en Cristo, y mi vida nunca volvió a ser igual! Este mismo Dios también ha recorrido los campos por ti.

HACIENDO INVENTARIO

1. *¿Cómo han influenciado tus experiencias de la infancia la forma en que ves a Dios? ¿Qué cambios hiciste en tu imagen de Dios para volverte discípulo?*

2. *¿Cómo ha cambiado tu imagen de Dios desde tu bautismo?*

3. *¿Cómo corrió Dios tras de ti?*

2

Dios está arrastrándose de rodillas

"O supongamos que una mujer tiene diez monedas de plata
y pierde una. ¿No enciende una lámpara, barre su casa y busca
con cuidado hasta encontrarla?"

Lucas 15:8

Jesús pinta otro cuadro de Dios en Lucas 15. Una mujer ha perdido una moneda, y está desesperada por encontrarla. Enciende
una lámpara, consigue una escoba y barre por todas partes, buscando la moneda. Se arrastra de rodillas, escudriñando debajo de
cada mueble, buscando la moneda. Se cubre de polvo, con mugre
bajo las uñas, pero sigue insistiendo hasta que encuentra la moneda. No le importa que tenga otras nueve; ella quiere esa moneda.
¡Así es como Dios se humilló y se ensució sólo para buscar tu
alma perdida!

Pablo, en Filipenses 2:7-8, dijo que Jesús *se humilló a sí
mismo*, y se *rebajó voluntariamente*, sólo para morir en la cruz. La
New American Standard Bible dice simplemente que Jesús "se
vació". Por la gracia, Jesús que era rico se hizo pobre por nosotros
(2 Corintios 8:9). Él se volvió pecado por nosotros (2 Corintios
5:21). Él estaba deseoso de ensuciarse, de rebajarse a nuestro
nivel. Jesús puede identifcarse con nuestras debilidades y fue ten-
tado en todos los sentidos así como nosotros, pero no cometió
pecado (Hebreos 4:15-16). Jesús se puso de rodillas para lavar los
pies de los discípulos (Juan 13:1-5). Como carpintero, hijo de un
carpintero, con frecuencia debió haber estado de rodillas para
recoger clavos del suelo. ¡Verdaderamente, nuestro Dios está
arrastrándose de rodillas!

Las máscaras que llevamos

Incluso después de que comprendemos que Dios se ha arrastrado de rodillas por nosotros, algunos nos sentimos distantes de Él. Estamos tan avergonzados de nuestros pecados y fracasos que pensamos que Él nunca podrá aceptarnos así como somos. Nos han rechazado antes, y tenemos miedo de que pase de nuevo. Así que llevamos una máscara religiosa, y estamos vacíos por dentro. Los Beatles cantaron acerca de alguien así en la canción *Eleanor Rigby*:

"Eleanor Rigby, recoge el arroz en una iglesia
donde hubo una boda. Vive en un sueño.
Espera en la ventana, llevando una cara que ella
guarda en un frasco al lado de la puerta.
¿Para quién es?"

Pedro tuvo miedo cuando Jesús se le acercó por primera vez. En Lucas 5:8, él dijo, *"¡Apártate de mí, Señor; soy un pecador!".* Pedro llevaba una máscara religiosa. Cuando Jesús empezó a acercarse demasiado, él tuvo miedo.

Legión, el endemoniado de Gerasa, corrió hacia Jesús cuando lo vio (Marcos 5:6). Pero cuando Jesús reprendió su espíritu maligno, él gritó, *"¿Por qué te entrometes Jesús, Hijo del Dios Altísimo? ¡Te ruego por Dios que no me atormentes!"* (Marcos 5:7-8). Legión estaba llevando una máscara de enojo y violencia, y hábitos autodestructivos, para esconder el dolor dentro de su corazón. Cuando Jesús se acercó demasiado, él también tuvo miedo. Algunos de nosotros usamos máscaras. Nos gusta Jesús, pero tenemos miedo de permitirle estar cerca de nuestras vidas. Nos sentimos demasiado pecadores para dejarlo entrar. Tampoco tenemos grandes relaciones con las personas, porque nadie nos conoce realmente. Y le tenemos tanto miedo al rechazo que no nos acercamos a Dios.

La perspectiva de Dios acerca del pecado

El Dios de la Biblia está arrastrándose de rodillas, metiendo la mano en el lodo para sacarnos. David oró, *"Sácame del fango; no permitas que me hunda"* (Salmo 69:14). David dijo, *"Tu bondad me ha hecho prosperar"* (Salmo 18:35). También dijo:

"Puse en el Señor toda mi esperanza; él se inclinó hacia mí y escuchó mi clamor. Me sacó de la fosa de la muerte, del lodo y del pantano; puso mis pies sobre una roca, y me plantó en terreno firme" (Salmo 40:1-2).

Hace unos meses nuestra bañera estaba goteando a través del techo sobre la planta baja porque el desagüe estaba obstruido. Intentamos con destapador químico, pero el desagüe permanecía obstruido. Así que seguimos el tubo del desagüe hasta salir de la casa. Entraba en una caja cerrada con clavos, pero el agua goteaba fuera de la caja. Sin vacilar, forcejeé con la caja, soltando clavos hasta abrirla parcialmente. Metí la mano en la caja y comencé a tantear en el interior. Encontré el desagüe. Estaba cubierto con fango, obstruido por pelo y tizne. Quité la tapa de la caja para poder limpiarlo, y quedé completamente asqueado por lo que vi. Docenas de gusanos y animales de todo tipo cubrían el fondo. Usando bolsas plásticas los quité uno por uno, limpiando así el desagüe. Lo reemplacé y clavé la caja para cerrarla. ¡Mis manos estaban tan sucias! Las lavé durante varios minutos para quitar el tizne y el hedor.

Lo asqueroso de esta experiencia para mí es un pequeño ejemplo de cómo Dios se siente acerca del pecado. De hecho, en Ezequiel 8:10, Dios le mostró al profeta la idolatría de los líderes religiosos de Israel, y éste vio *"figuras de reptiles y de otros animales repugnantes"*. Algunos de nosotros tenemos una caja como mi caja de desagüe en nuestras vidas. Está cerrada con llave, y el pecado está escondido. Pero Dios quiere entrar y limpiarla. Él está deseoso de ensuciarse, de involucrarse realmente contigo.

Ese desagüe sucio era mi vida antes de que me volviera un cristiano: impresionante por fuera (de alguna manera), pero lleno de fango. No confiaba en nadie. Estaba lleno de lujuria, amargura, engaño, culpa y enojo. Cuando por fin fui abierto y reconocí mis pecados, sentí un alivio increíble. ¡Por fin era libre! Como cristiano, he tenido que limpiar el fango repetidamente, confesando mis pecados con regularidad. No soy lo que debo ser. Pero no soy lo que era, y Dios me ama, y está arrastrándose de rodillas por mí. ¡Yo puedo orar a un Dios así!

Dios quiere limpiarte. Él no te rechazará, no importa cuán sucio estés. Déjalo entrar, y Él cambiará tu vida.

HACIENDO INVENTARIO

1. *El Salmo 66:17-19 habla sobre cómo el salmista oró y Dios lo escuchó porque él no atesoró el pecado en su corazón. ¿Y tú cómo estás? ¿Tienes una caja cerrada con llave de la que nadie sabe? ¿Cuándo serás abierto con otros discípulos acerca de tu pecado?*

2. *¿Tienes temor de ser rechazado, hasta el punto de que se te dificulta orar? Sea así o no, ¿cuáles escrituras te ayudarían a combatir este miedo?*

3. *¿Crees que Dios puede perdonarte sin que lo hayas ganado? ¿De qué maneras intentas "ganar" su perdón? ¿Cómo vas a cambiar?*

3

Dios está extendiendo sus brazos abiertos

"Así que emprendió el viaje y se fue a su padre.
Todavía estaba lejos cuando su padre lo vio y se compadeció de él;
salió corriendo a su encuentro, lo abrazó y lo besó."

Lucas 15:20

La historia del padre que da la bienvenida a casa al hijo perdido es una de las más conmovedoras en toda la Escritura. Es la historia de cada una de nuestras vidas antes de que cambiáramos y regresáramos a Dios. Nos muestra el corazón mismo de Dios y nos motiva a amarlo y perdonar a otros. Dios está extendiendo sus brazos abiertos para perdonarnos, no importa lo que hayamos hecho. El padre le extendió los brazos abiertos a su hijo antes de que él se disculpara, antes de oír cómo había cambiado, porque estaba muy alegre del regreso de su hijo a casa. Su perdón fue incondicional.

La vida loca

La escena descrita en Lucas 15:12-13 es extremadamente triste. El hijo más joven no apreció lo que tenía en casa con su padre y su familia. Se dio cuenta de que su padre estaba envejeciendo, y quizás un día se dijo a sí mismo, "Algún día papá morirá, y entonces heredaré parte de su propiedad". Con el pasar de los años, este pensamiento creció en su mente. Finalmente, un día se acercó a su padre de manera insensible y le pidió su porción de la herencia. Él no estaba pensando en cómo se sentiría su padre; sólo pensó en sus propios deseos. Para su sorpresa su padre le concedió su exigencia con amabilidad.

Con el dinero que recibió, el hijo fue a un país lejano. Allí gastó todo lo que su padre le había dado. Su vida estaba llena de pecado (Lucas 15:13, 30). Al mismo tiempo que gastó su dinero, la economía del país colapsó; había una hambruna severa (v.14). Se vio obligado a tomar un trabajo humillante en el campo, alimentando cerdos (un trabajo indigno según las leyes del Antiguo Testamento). No era bien remunerado, y tenía tanta hambre que hasta envidiaba la comida de los cerdos (vv. 15-16).

Sentándose entre los cerdos tenía tiempo para pensar. Quizás recordaba los tiempos felices con su familia, comiendo juntos. Recordó cómo él y su padre trabajaban juntos en los campos. Recordó los cantos, las risas y la bondad en su lejana casa. Pero eso había sido hace mucho tiempo. Estaba muy avergonzado de lo que había hecho; se resistía a ir a casa.

Una revelación

Finalmente tomó conciencia. Recordó la manera como su padre trataba a sus trabajadores, con generosidad y bondad (v. 17). Pensó, en esencia, "Yo no soy digno de ser su hijo, pero por lo menos como sirviente en la casa de mi padre, estaré mejor que aquí" (vv. 18-19). Max Lucado describe hermosamente cómo pudo haber sido este momento en *Six Hours One Friday*:

Algo le dijo que éste era el momento de —y para— la verdad.
Miró en el agua. La cara que vio no era agradable;
llena de lodo e hinchada.
Quitó la mirada. "No pienses en eso. Tú no estás peor que
los demás. Las cosas mejorarán mañana".
Las mentiras esperaban un oído receptivo. Siempre lo
hacen. "No esta vez", murmuró, y miró fijamente su reflejo.
"Cuán bajo he caído". Sus primeras palabras de verdad.
Se miró a los ojos y pensó en su padre. "Ellos siempre dijeron
que yo tenía sus ojos", pensó. Podía ver la mirada de dolor
en la cara de su padre cuando le dijo que se iba.
"Cuánto te debo haber herido".
Una herida zigzagueante cuarteó el corazón del
muchacho. Una lágrima salpicó en el agua. Otra siguió
pronto. Luego otra. Entonces el dique se rompió. Él enterró su

cara en sus manos sucias mientras las lágrimas hicieron lo
que las lágrimas hacen tan bien; ellas vaciaron su alma.
Su cara todavía estaba húmeda cuando se sentó al borde del
agua. Por primera vez en mucho tiempo pensó en casa. Los
recuerdos lo conmovieron. Los recuerdos de risas en la mesa
a la hora de la cena. Los recuerdos de una cama acogedora.
Los recuerdos de tardes de verano cuando se sentaba en la
terraza con su padre a escuchar el cantar hipnótico de los grillos.
"Padre", dijo en voz alta mientras se miraba. "Ellos decían que
yo me parecía a ti. Ahora ni siquiera me reconocerías.
Oye, ¿realmente te fallé?".
Él se puso de pie y empezó a caminar. Así que el hijo pródigo
dio sus primeros pasos a casa. Estaba listo para pedir perdón.

Anticipación

Mientras tanto su padre estaba en casa, trabajando, pero también esperando. Lucas 15:20 cuenta que el padre lo vio cuando todavía estaba lejos. Estaba esperando y anhelando a su hijo perdido. Quizás durante años había observado el horizonte, a la espera de ver la silueta de su hijo en la distancia regresando a casa. ¡En un día especial, su sueño se hizo realidad! Atravesó los campos. Se lanzó con los brazos abiertos y abrazó a su hijo con una pasión y un calor que disolvieron los años de dolor. Entonces hizo la mayor de las fiestas para dar la bienvenida a su hijo. No se escatimó ningún gasto (vv. 22-24). Fue una celebración extraordinaria. ¿Cuál es el punto de la historia? Así es como nuestro Padre del cielo se siente cuando nosotros regresamos a casa.

Lenguaje corporal 101

Cuando alguien te saluda, sus brazos cuentan una historia. ¿Están cruzados y apartándote? ¿Están agitando tu mano, insistentemente extendidos y tensos manteniéndote a la distancia de su brazo? ¿Están dándote un abrazo torpe y desinteresado?, o ¿están abiertos para darte la bienvenida y abrazarte? Los brazos de Dios están bien abiertos, demostrando cómo se siente el Padre cuando regresamos a casa. Están inmensamente abiertos para dar la bienvenida a pecadores que no lo merecen.

Jesús literalmente extendió sus brazos abiertos hacia nosotros en la cruz. En Romanos 10:21, Dios dice, *"Todo el día extendí mis manos hacia un pueblo desobediente y rebelde".* Él extiende sus brazos abiertos, simplemente esperando que los pecadores regresen a Él. El corazón de Dios es un corazón suplicante, pidiéndonos que cambiemos. En Pentecostés, Pedro exhortaba a las personas a ser salvas (Hechos 2:40). En Oseas 11:8, Dios clama:

> "¿Cómo podría yo entregarte, Efraín?
> ¿Cómo podría abandonarte, Israel?
> ¡Yo no podría entregarte como entregué a Admá!
> ¡Yo no podría abandonarte como a Zeboyín!
> Dentro de mí el corazón me da vuelcos,
> y se me conmueven las entrañas".

Nuestro Dios nos ama profundamente. Su corazón estaba lleno de dolor por el pecado de la gente en los días de Noé (Génesis 6:6). Su corazón se rompe hoy cuando estamos dolidos, cuando luchamos entre nosotros, cuando estamos lejos de Él.

Algunos de nosotros realmente no creemos que podemos ser perdonados. Miramos nuestros pecados y nos desesperamos. Quizás nunca sentiste el perdón mientras crecías o quizás has tenido problemas perdonando a otros. Necesitas ver el perdón de Dios: sus brazos están abiertos, dándote ávidamente la bienvenida a su regazo. Entender esto te ayudará a orar como nunca antes.

Raíces amargas

En la parábola de Lucas 15, el hijo mayor no extendió sus brazos para dar la bienvenida a su hermano. Su primera reacción al regreso y a la calurosa bienvenida de su padre fue enfadarse. A pesar de las explicaciones de su padre (v. 28), él seguía enfadado. Estaba amargado por haber obedecido sin nunca recibir las bendiciones que pensó merecer (v. 29). Se negó a llamar a su hermano "mi hermano", refiriéndose en su lugar a él como *"ese hijo tuyo"* (v. 30). El padre quería tener a sus dos hijos con él y que estuvieran unidos entre ellos. Él extendió sus brazos abiertos con el mismo amor para ambos, pero solamente uno pudo responder al abrazo.

Algunos tenemos dificultad para orar porque estamos enfadados con Dios. Somos como el hijo mayor, sentimos que Dios nos debe algo y pensamos que, a pesar de nuestra fidelidad, Él no nos ha bendecido de la manera en que debería. Nos hemos olvidado del Dios de la Biblia cuyos brazos están abiertos ampliamente para nosotros. Asegurémonos de no cruzarle los brazos a Él.

Algunos somos como el hermano mayor porque albergamos resentimientos y actitudes hacia nuestros hermanos y hermanas en Cristo. Ellos pueden haber pecado contra Dios y contra nosotros, y sentimos que Dios no ha hecho justicia. Claro, en Lucas 18:7-8 Jesús promete justicia para su gente, pero pregunta si tendremos la fe para perseverar en la oración. ¡La justicia vendrá, pero en el tiempo de Dios, no en el nuestro! ¿Estás dispuesto a esperar? ¿Estás dispuesto a perdonar? Nunca podrás acercarte a Dios, no importa cuánto ores, si hay amargura en tu corazón.

Mateo 5:23-24 enseña que debemos reconciliarnos primero con nuestro hermano, y sólo entonces podremos poner nuestras ofrendas en el altar. En 1 Pedro 3:7 se exhorta a los esposos para que traten a sus esposas de una manera considerada y respetuosa, *"Así nada estorbará sus oraciones"*. ¡Si alguna vez has intentado orar después de tener un pleito y pecar contra tu esposo(a), sabes cuán cierto es este versículo! Una de las cosas que más aprecio de mi esposa Nadine, es que ella no retiene los resentimientos en su corazón. Ella dice lo que piensa, y podemos dialogar, perdonar y reconciliarnos. Rápidamente nos reconciliamos entre nosotros y con Dios. Si dejas que el sol se ponga estando enojado (Efesios 4:26), no podrás tener un gran caminar diario con Dios.

Si no podemos extender nuestros brazos abiertos para dar la bienvenida a las personas alrededor nuestro, no estamos siendo como Dios, y no conseguiremos estar cerca de Él, no importa cuánto oremos. Él no oirá nuestras oraciones. Si no perdonamos a los demás, Él no nos perdonará (Mateo 6:15, 18:33-35). De hecho, en la parábola de Jesús en Mateo 18:21-35 no se habla simplemente de lograr una reconciliación superficial en nuestras relaciones terrenales, sino también de asegurar que nuestros corazones sean correctos ante Dios. La reconciliación superficial con un corazón rencoroso no es suficiente para Dios.

Dios está extendiendo sus brazos abiertos. Es tiempo de correr con nuestros brazos abiertos hacia su abrazo. ¡Él nunca dejará que te vayas!

HACIENDO INVENTARIO

1. *¿De qué manera eras como el hijo pródigo de la parábola antes de convertirte en discípulo? Como discípulo, ¿cómo puedes estar siendo el hijo mayor? ¿Cómo cambiarás?*

2. *¿Qué amargura, pecado o ausencia de perdón está entorpeciendo tus oraciones actualmente? ¿Qué tan pronto resolverás estas cosas?*

3. *¿Te guardas lo que piensas sobre aquéllos que te han herido? ¿Cruzas tus brazos tan herméticamente que no puedes abrirlos para recibir el abrazo de Dios? (Recuerda que quien sea que haya pecado contra ti, su ofensa no vale la pena).*

4

Dios está llevándome en sus brazos

"Como un pastor que cuida su rebaño,
recoge los corderos en sus brazos;
los lleva junto a su pecho,
y guía con cuidado a las recién paridas."

Isaías 40:11

Los predicadores tienen a menudo muchas escrituras de las que dicen, "este es mi pasaje favorito de la Biblia". El anterior es uno de los míos. Es la ilustración a la que alude Jesús en la Parábola de la Oveja Perdida (Lucas 15). El pastor recoge la oveja perdida y la lleva a casa. Lleva al cordero *junto a su pecho* (Isaías 40:11). Así es como Dios nos percibe y nos trata. Después de que ha recorrido los campos para encontrarnos, se ha arrastrado de rodillas para recogernos y ha extendido sus brazos abiertos para perdonarnos, Él nos lleva a casa en sus brazos.

Brazos de consuelo

Lloro cuando pienso en el cuadro que Jesús pinta acerca de la muerte de Lázaro. El pobre mendigo, viejo, sucio, cubierto de llagas, sin esperanza, muere solo. Pero los ángeles vienen y tiernamente lo llevan a Dios (Lucas 16:19-22). En el cielo descansa, *"...Abraham, y Lázaro junto a él"* (Lucas 16:23). Me anima tanto que, como cristianos, cuando morimos los ángeles nos llevan a casa con Dios.

La mayoría de los padres han experimentado la alegría de consolar a su niño que llora, sosteniéndolo en sus brazos. Todavía recuerdo que cuando tenía tres o cuatro años me caí y me disloqué el codo. Mi madre me llevó hasta el automóvil de un amigo y después al hospital. Sostenido a salvo en los brazos de un padre, un niño se siente seguro. El pequeño no necesita llorar, todo estará bien. La mayoría de los niños al caminar en la calle, instintivamente buscan la mano de sus padres.

Un niño que no es abrazado regularmente, es afectado profundamente por esta experiencia. Tenemos una hija adoptada encantadora, Ester. Le dimos la bienvenida en nuestra casa cuando tenía seis meses. Aunque el orfanato en que vivía era un excelente sitio, no podía tomar el lugar de sus padres. Ester ama abrazarse con nosotros. Le encanta ser cargada; por nosotros y también por los demás. Es muy poco probable que la mamá de Ester le hubiese dado mucho afecto cuando ella nació. Conocemos a las monjas del orfanato donde su madre la regaló, alejándose sin alzarla jamás. No hay nada que podamos hacer para cambiar el pasado de Ester. Pero ahora vamos a cargarla hasta que aprenda que todo estará bien. De forma asombrosa, Dios expresa este amor paternal hacia nosotros en Isaías 66:13: *"Como madre que consuela a su hijo, así yo los consolaré a ustedes".*

Brazos de protección

"Aun en la vejez, cuando ya peinen canas,
yo seré el mismo, yo los sostendré.
Yo los hice, y cuidaré de ustedes;
los sostendré y los libraré" (Isaías 46:4).

Tristemente, muchos pensamos en Dios y nos preguntamos, "¿realmente me cuida?". Muchos hemos perdido la confianza de que "Dios me protege". Nuestras vidas son frenéticas, llenas de actividades y sin la paz de Dios. Los pasajes siguientes nos recuerdan que Dios está llevándonos en sus brazos, y ese Dios dice, "no te llenes de ansiedad, yo cuidaré de ti".

"El Señor está cerca.
No se inquieten por nada; más bien,
en toda ocasión, con oración y ruego,
presenten sus peticiones a Dios y denle gracias.
Y la paz de Dios, que sobrepasa todo
entendimiento, cuidará sus corazones y sus
pensamientos en Cristo Jesús"
(Filipenses 4:5b-7).

Depositen en él toda ansiedad, porque él cuida de ustedes
(1 Pedro 5:7).

"No temas, que yo te he redimido;
te he llamado por tu nombre; tú eres mío.
Cuando cruces las aguas, yo estaré contigo;
cuando cruces los ríos, no te cubrirán sus aguas;
cuando camines por el fuego, no te quemarás
ni te abrasarán las llamas" (Isaías 43:1-2).

Dios promete tomar de la mano a sus reyes (Isaías 45:1) y a su pueblo (Isaías 42:6). Él cuida de los pájaros, la hierba y las flores (Mateo 6:26-30). Él cuida de ti y de mí.

¿Marta o María?

Muy probablemente has tomado la mano de mamá o papá y disfrutado de su abrazo caluroso. Pero entonces creciste y tuviste que aprender a cuidar de ti. Dejaste tu casa. Mamá y papá quedaron lejos, quizás nunca estuvieron muy cerca, y aprendiste a cuidar de ti mismo rápidamente (¡también aprendiste el significado de la palabra estrés!). Es muy posible que puedas identificarte con Marta en Lucas 10:38-42. Jesús fue a casa de Marta y María, y Marta estaba ocupada en los quehaceres, preparando la cena. Estaba distraída por los detalles de la vida y por lo tanto perdió la oportunidad de sentarse a los pies de Jesús, como su hermana María lo hizo. Perdió la paz que trasciende el entendimiento. María escogió lo que de hecho era mejor.

Puedo identificarme con Marta. Pienso demasiado. ¡Quiero hacerlo todo, ahora! No quiero dejar algo al azar; ¡ay, cuánto necesito a Dios! El tiempo de oración es un tiempo en el que puedo sosegar mi alma ansiosa, y recuerdo el Salmo 46:10, *"Quédense quietos, reconozcan que yo soy Dios"*. Estoy aprendiendo a no hacerlo todo yo solo. Estoy aprendiendo a hacer lo mejor que puedo y permitir a Dios hacer el resto. Jesús dijo:

"Vengan a mí todos ustedes
que están cansados y agobiados, y yo les daré descanso.
Carguen con mi yugo y aprendan de mí,
pues yo soy apacible y humilde de corazón,
y encontrarán descanso para su alma"
(Mateo 11:28-29).

Dios quiere llevarnos en sus brazos. ¡Subámonos, y disfrutemos del paseo!

Huellas

Una noche un hombre tuvo un sueño.
Soñó que estaba caminando por la playa con el Señor.
En el cielo se proyectaron las escenas de su vida.
En cada escena notó dos pares de huellas en la arena;
uno que pertenecía a él y otro al Señor.
Cuando se proyectó la última escena de su vida ante él,
miró atrás las huellas en la arena. Notó muchos momentos
a lo largo de su vida donde sólo había un par de huellas.
También notó que sucedía en los momentos más difíciles
y tristes de su vida. Esto realmente le molestó, entonces
cuestionó al Señor: "Señor, tú dijiste, cuando decidí seguirte,
que caminarías conmigo en todo momento.
Pero he visto que en los tiempos más difíciles de mi vida,
sólo hay un par de huellas. No entiendo por qué cuando
más te necesité me dejaste. El Señor respondió:
"Hijo mío, mi niño precioso, yo te amo y nunca te dejaría.
En los momentos de prueba y sufrimiento, cuando viste sólo
un par de huellas, era porque yo te cargaba".

Anónimo

HACIENDO INVENTARIO

1. *Piensa en tu pasado y recuerda un momento cuando, siendo niño, realmente necesitaste consuelo. ¿Alguien estaba allí consolándote? ¿Cómo te sentiste?*

2. *¿Cuál es tu pasaje favorito sobre el consuelo? Escríbelo. Si no tienes uno, encuentra uno hoy y memorízalo.*

3. *¿Te identificas más con Marta o con María? Pregúntales a tus amigos íntimos qué piensan que es lo que más te gusta. ¿Qué necesitas cambiar como resultado de hacer esta pregunta?*

5

Dios está secando las lágrimas

"Oí una potente voz que provenía del trono y decía:
'¡Aquí, entre los seres humanos, está la morada de Dios!
Él acampará en medio de ellos, y ellos serán su pueblo; Dios mismo
estará con ellos y será su Dios. Él les enjugará toda lágrima de los
ojos. Ya no habrá muerte, ni llanto, ni lamento ni dolor, porque las
primeras cosas han dejado de existir.'"

Apocalipsis 21:3-4

Nuestro mundo está lleno de dolor. El vigésimo siglo fue quizás el más sangriento de todos los tiempos, con diez millones de inocentes asesinados entre los gulags de Stalin, la Revolución Cultural de Mao, los campos de concentración de Hitler y las carnicerías en Cambodia, Ruanda y Yugoslavia. Las guerras, las hambrunas, los desastres naturales; el dolor de la raza humana sigue en escalada constante, aunque los adelantos tecnológicos hagan la vida del rico más cómoda. Divorcios, hogares destruidos, niños abusados, drogadicción, asesinato, violación, incesto; millones viven en un infierno privado, atrapados en una realidad terrible o prisioneros de los recuerdos de un pasado horrible. Hay ríos de lágrimas por secar.

Tendrás problemas

Algunos sólo vemos el sufrimiento de lejos. Parece habernos pasado de largo por el momento. Es duro para nosotros entender por qué. Pero cuando el sufrimiento nos pega de repente, con toda su fuerza, puede agobiarnos. Nosotros podemos caer de rodillas en oración, o podemos correr y alejarnos de Dios. La opción es nuestra. Eliú observó en Job 35:9-10:

"Todo el mundo clama bajo el peso de la opresión,
y pide ser librado del brazo del poderoso. Pero nadie dice:
'¿Dónde está Dios, mi Hacedor...'" (Job 35:9-10).

Pablo, sin embargo, escogió acudir a Dios cuando explicó en 2 Corintios 1:8b-9:

> "Estábamos tan agobiados bajo tanta presión,
> que hasta perdimos la esperanza de salir con vida:
> nos sentíamos como sentenciados a muerte.
> Pero eso sucedió para que no
> confiáramos en nosotros mismos sino en Dios,
> que resucita a los muertos".

El sufrimiento es un idioma que Dios entiende. Eliú dijo en Job 36:15, *"A los que sufren, Dios los libra mediante el sufrimiento; en su aflicción, los consuela".* De hecho, Jesús era *"...varón de dolores, hecho para el sufrimiento"* (Isaías 53:3). Sobre Jesús, Hebreos 2:18 dice que, *"Por haber sufrido él mismo la tentación, puede socorrer a los que son tentados".* Porque Dios entiende nuestro sufrimiento, quiere secar nuestras lágrimas.

Dios también sufre

El evangelio es la historia del sufrimiento de Dios. Él hizo este mundo imponente. Luego nosotros lo rechazamos. La Parábola de los Labradores Malvados (Mateo 21:33-46) cuenta la historia del rechazo hacia Dios. Después que los labradores rechazaron a sus sirvientes, uno tras otro, a Dios sólo le quedó enviar a su hijo (vv. 35-36). Así que lo envió (v. 37). Y nosotros asesinamos a su hijo. ¿El resultado? Quedó destrozado y ensangrentado. Sintió nuestro dolor. Él entiende lo que significa no estar completo.

Porque Dios ha dado la libertad a los hombres para escoger, están sufriendo en la tierra. Esto le rompe el corazón a Dios, pero Él lo usa para nuestro beneficio. El sufrimiento nos da una oportunidad única para correr cerca de Dios. Hay una atadura única entre aquellos que sufren y aquellos que los consuelan en ese sufrimiento. Dios quiere tener esa atadura especial contigo y conmigo. Él quiere secar nuestras lágrimas. Es el mismo tipo de atadura que Él tiene con su Hijo. Como dijo Jesús, *"Dichosos los que lloran, porque serán consolados"* (Mateo 5:4).

Los Templer en Auschwitz

Cada uno de nosotros necesita estar consciente de Dios cuando sufre. También necesitamos agradecer que Él nos ha protegido de sufrimientos mayores que los que hemos experimentado. El seno de mi propia familia me motiva profundamente a apreciar la misericordia de Dios en mi vida. Alrededor de 1906, durante el auge de la inmigración de Europa Oriental al sur de los Estados Unidos, dos jóvenes sastres judíos inmigraron desde las montañas del Cárpato de Galicia, en el sur de Polonia (cerca de Cracovia, entonces parte de Austria), para establecerse en Chicago. Uno, Isisdor Templer, fue el padre de Robert Nathan Templer; el otro, Peretz Maltz, fue el padre de la futura esposa de Robert, Lillian. Robert trabajó como gerente de un cine. Lillian, quien también era judía polaca, trabajó allí como cajera, y se enamoraron. Se casaron durante la Gran Depresión y tuvieron hijos. Esta pareja eran Robert y Lillian Templer, los padres de mi papá. Entre tanto, en Polonia, sus primos, tíos, sobrinos y sobrinas, eran arriados a los *ghettos* judíos, y posteriormente a los campos de concentración; sobre todo a Auschwitz.

Innumerables judíos polacos perecieron en Auschwitz, incluyendo muchos de Galicia[1]. Un judío italiano que sobrevivió en Auschwitz encontró un Templer allí. Primo Levi escribió en *Supervivencia en Auschwitz*:

"Pero no sólo debido al sol hoy es un día feliz: a mediodía una sorpresa nos espera. Además de la ración habitual de la mañana, descubrimos en la choza una maravillosa olla de más de once galones, una de aquellas de la cocina de la fábrica, casi llena. Templer nos mira, triunfante; esta organización es su trabajo.

Templer es el organizador oficial del Comando: tiene un olfato asombroso para la sopa de paisanos, como las abejas para las flores. Nuestro Kapo, que no es un Kapo malo, le deja una mano libre, y con razón: Templer anda furtivamente afuera, siguiendo el rastro imperceptible como un sabueso, y regresa con las preciadas noticias de que los obreros polacos del Metanol, a una milla de aquí, han abandonado diez galones de sopa que sabe rancia, o que un cargamento de nabos está sin vigilancia al lado de la cocina de la fábrica.

Hay noventa pintas hoy y nosotros somos quince, Kapo y Vorarbeiter incluidos. Esto significa seis pintas para cada uno: nosotros

---

[1] *Primo Levi*, Supervivencia en Auschwitz, *traducido por Stuart Woolf (Londres: Simon & Schuster, 1993), pág. 68.*

35

tendremos dos al mediodía además de la ración normal, y regresaremos a la choza por turnos para las otras cuatro durante la tarde, además se nos conceden unos cinco minutos adicionales de receso en el trabajo, para llenarnos.

¿Qué más podría uno desear? Incluso nuestro trabajo parece ligero, con la perspectiva de cuatro pintas calientes, densas, que nos esperan en la choza. El Kapo viene periódicamente a nosotros y llama: '¿Wer hat noch zu fressen?'. No lo dice como mofa o con desprecio, porque esta manera de comer de pie, furiosamente, quemando nuestras bocas y gargantas, sin tiempo para respirar, realmente es 'fressen,' la manera de comer de animales, y ciertamente no 'essen', la manera humana de comer, sentado delante de una mesa, religiosamente. 'Fressen' es exactamente la palabra, y se usa actualmente entre nosotros.

Meister Nogalla mira y cierra un ojo cuando nos ausentamos del trabajo. Meister Nogalla también tiene una mirada hambrienta, y si no fuera por las convenciones sociales, quizás no despreciaría un par de pintas de nuestro caldo caliente.

Llega el turno de Templer. Por acuerdo general del plebiscito, le han permitido diez pintas, tomadas del fondo de la olla. Templer no es sólo un buen organizador, también es un come-sopa excepcional...

Al ocaso, la sirena del Feierabend suena, al final del trabajo; y como estamos todos saciados, por lo menos durante unas horas, no hay riñas, nos sentimos bien, el Kapo no siente el impulso de pegarnos, y podemos pensar en nuestras madres y esposas, lo que normalmente no pasa. Durante unas horas podemos ser infelices a la manera de los hombres libres"[2].

Quizás lo que impacta sobre este cuento es cuán agradecidos estaban los presos por la oportunidad de comer un poco de sopa rancia. Aquéllos que no fueron ejecutados a su llegada soportaron un infierno en vida dentro de los campamentos. Algunos de ellos eran indudablemente segundos y terceros primos de mi padre. Si mis abuelos no hubieran emigrado a los Estados Unidos desde Polonia, quizás nunca habría nacido.

Rob Goldman cuenta sobre la oración de un niño asesinado, encontrada en el campo de concentración Ravensbruck. Este niño estaba allí y era una de noventa y dos mil víctimas.

---

[2]. *Levi*, 75-76.

"Oh Señor, recuerda no sólo a los hombres y mujeres de buena voluntad, también a aquéllos de mala voluntad. Pero no recuerdes solamente el sufrimiento que ellos han causado en nosotros; recuerda los frutos, resultado de ese sufrimiento; nuestra camaradería, nuestra lealtad, nuestra humildad, el valor, la generosidad, la grandeza de corazón que esto ha hecho surgir de todos. Y cuando ellos vayan a juicio, permite que los frutos que tuvimos sean su perdón" [3].

Es triste, el sufrimiento de las víctimas del holocausto no puede salvar a los que los atormentaron sin arrepentirse. Pero el sufrimiento de Cristo nos dice que él entiende todo nuestro sufrimiento y el fruto de su dolor es nuestra salvación.

¿Cómo responde Dios a todo este sufrimiento? Él anhela terminarlo. Un día lo hará. Juan escribe sobre esto en Apocalipsis 7:16-17:

"Ya no sufrirán hambre ni sed.
No los abatirá el sol ni ningún calor abrasador.
Porque el Cordero que está en el trono los pastoreará
y los guiará a fuentes de agua viva;
y Dios les enjugará toda lágrima de sus ojos".

Cuando lleguemos al cielo, no habrá más sufrimiento. No más llantos. No más dolor. Cuando sufras, entiende esto: Un día Dios secará cada lágrima de tus ojos. Él quiere sostenerte y consolarte. Él sabe cómo te sientes. Él lo ha visto todo. Cuando ores, permite a Dios secarte las lágrimas. Él entiende. Él *"restaura a los abatidos y cubre con vendas sus heridas"* (Salmo 147:3). Permítele vendarte.

HACIENDO INVENTARIO

1. *¿Cómo ves actualmente el sufrimiento? ¿Cómo necesitas cambiar?*
2. *¿Cuál es tu primera reacción ante el sufrimiento en tu propia vida o en la de aquellos alrededor?*
   ¿Estás más inclinado a ir a Dios o escapar de Él? Da algunos ejemplos.
3. *¿Qué lecciones sobre la gratitud has aprendido en este capítulo?*

---

[3] *Rob Goldman*, Healing the World By Our Wounds, The Other Side, *vol. 27, No. 6 (Nov.- Dic. 1991), 24, citado por Richard J. Foster,* Prayer: Finding the Heart's True Home *(Londres: Hodder & Stoughton, S.A., 1992), pág. 238*

6

Dios me está valorando como una joya

"Las naciones verán tu justicia,
y todos los reyes tu gloria;
recibirás un nombre nuevo,
que el Señor mismo te dará.
Serás en la mano del Señor
como una corona esplendorosa,
¡como una diadema real
en la palma de tu Dios!"

Isaías 62:2-3

¡Qué promesa tan asombrosa da este pasaje de la Escritura! Somos joyas en manos de Dios. Y no cualquier joya vieja y ordinaria; somos *"...una corona esplendorosa, ¡como una diadema real..."* (Isaías 62:3). Él nos aprecia y somos sumamente valiosos para Dios. ¡Él nos sostiene en el aire como la moneda perdida de la mujer, diciendo a todos, *"Alégrense conmigo..."* (Lucas 15:9), así como Jesús les dijo a sus discípulos, *"...ustedes valen más que muchos gorriones"* (Mateo 10:31).

Tesoros terrenales

Recuerdo cuando escogí el anillo de compromiso para mi esposa Nadine. Fui a un joyero en Cagliari, Italia, en un camino que recorría a menudo cuando niño. Allí lo vi: tenía un pequeño y hermoso diamante rodeado de oro esculpido. Era muy pequeño, pero perfecto. Miraba el anillo en mi mano, y estaba desbordando amor por mi futura prometida. No dejé caer ese anillo. No perdí ese anillo. No dañé ese anillo. Lo valoré como un tesoro.

Los jóvenes enamorados tallan sus nombres en los árboles o los escriben en las paredes para mostrar su afecto mutuo. Dios dice en Isaías 49:16, *"Grabada te llevo en la palma de mis manos..."*.

Tradicionalmente los padres llevan fotografías de sus niños en sus carteras. Nunca se cansan de mostrar estos retratos, inclusive a gente desconocida, porque los aman y así muestran cuánto significan sus niños para ellos. Cuánto más nos valora Dios. Él dice en Isaías 43:4:

"A cambio de ti entregaré hombres;
¡a cambio de tu vida entregaré pueblos!
Porque te amo y eres ante mis ojos
precioso y digno de honra".

Él dio a su propio hijo, Jesús, a cambio de nosotros. Un amor como este es extraordinariamente difícil de entender. Yo encontraría sumamente difícil dar a mi hijo, Lucas (¡o cualquiera de mis niños!), por mis amigos más íntimos. Es inconcebible pensar en darlo por un extraño o un enemigo. Pero ésta es la historia del evangelio:

"Como bien saben, ustedes fueron rescatados de la vida
absurda que heredaron de sus antepasados. El precio
de su rescate no se pagó con cosas perecederas, como el oro
o la plata, sino con la preciosa sangre de Cristo, como un
cordero sin mancha y sin defecto" (1 Pedro 1:18-19).

Valor en el mundo

Es triste, pero el mundo no siempre nos valora como joyas. Todos hemos tenido experiencias que nos hicieron sentir sin valor. Algunos todavía nos sentimos sin valor hoy. Recuerdo la ida a MIT como estudiante de primer año. Estaba lejos de casa. Extrañé a mamá. Estaba asustado. Teníamos semana de inducción y todos los estudiantes de primer año debían encontrar alojamiento. Durante esa semana, las diferentes casas de fraternidad universitaria organizaban fiestas en las que los posibles reclutas podían conocer a los "hermanos" de la fraternidad y ser evaluados.

La primera noche fui a una de esas fiestas. Había música, cerveza y comida. Hablé durante unos minutos con uno de los "hermanos". Él me preguntó qué deportes jugaba. Le expliqué que había jugado al baloncesto, pero que lo había dejado porque tenía que trabajar para mantener a mi familia. Le dije que era bastante bueno en ajedrez. Él me ofreció una cerveza. Yo le pedí un refresco. Me preguntó lo que me gustaba hacer. Le dije que realmente quería estudiar y conseguir una buena educación.

Después de unos minutos me encontré en la antecámara de la fraternidad y me senté con otro "hermano". Me preguntó, "Entonces, ¿qué piensas de nuestra fraternidad?". Recuerdo decir, "Ah, me gusta. Es grandiosa. Las personas son amistosas; me gusta el ambiente". Empezó a explicarme, "Sabes, realmente pienso que APO podría ser un lugar bueno para ti; hemos llamado un auto para que te lleve allá, y puedas conocerla".

No entendía. Dije, "Bueno, es que realmente me gusta esta fraternidad". Él me miró y me dijo, "No entiendes. Nosotros no te queremos. Has sido excluido".

En ese momento me quedé callado. Luché por contener las lágrimas cuando comprendí las implicaciones de esa declaración. Ninguna de las fraternidades me tomó esa semana. Sin embargo, pienso que no intenté esforzarme demasiado después de la primera. Me sentía tan despreciado. Terminé en un gran dormitorio, Baker House, que eventualmente alojó a cinco estudiantes discípulos de Jesús quienes cambiaron mi vida. Pero hasta el momento todavía puedo evocar lo subvalorado que me sentí esa noche al salir de la casa de la fraternidad.

Valor espiritual

¿Te has sentido así alguna vez? ¿Has reprobado alguna vez un examen? ¿Has sido alguna vez despreciado en una relación? ¿Has oído por casualidad que tu padre diga, "estos niños no son nada más que un 'dolor de cabeza'"? ¿Te han llamado "tonto", "feo", "lento" o "gordo"? Permíteme decirte, Dios piensa diferente sobre ti. Él te atesora como una joya, así como Jesús valoró y tuvo visión para sus discípulos del primer siglo. Él encontró a la mujer inmoral de Samaria y vio a una mujer que podía cambiar una ciudad (Juan 4). Él encontró a Legión poseído por demonios y vio a un hombre que podía cambiar diez ciudades (Marcos 5:1-20). Él vio al impetuoso Pedro y lo llamó *piedra* (Mateo 16:18). Él vio a Santiago y Juan, y aunque eran impacientes (Lucas 9:52-56), él tenía la visión para ellos de ser hombres de poder, y los llamó *"Hijos del Trueno"* (Marcos 3:17). Él nos ve y nos llama sus hijos e hijas, sus embajadores, enviados para cambiar el mundo. Es tiempo de que nos entusiasmemos para tener una relación con Él. ¡Dios nos atesora como joyas!

HACIENDO INVENTARIO

1. *¿Qué es lo que más valoras terrenalmente (no tiene que ser algo espiritual)? ¿Por qué lo consideras valioso?*

2. *Piensa en el momento de tu vida cuando te sentiste más subvalorado. ¿Cómo piensas que Dios estaba sintiéndose sobre tu rectitud entonces? ¿Qué escritura puedes usar regresando a tu respuesta?*

3. *Recordando cuando te volviste cristiano. ¿Qué apodo visionario podría darte Jesús?*

7

Dios está cantando para mí

"...porque el Señor tu Dios está en medio de ti
como guerrero victorioso.
Se deleitará en ti con gozo, te renovará con su amor,
se alegrará por ti con cantos..."

Sofonías 3:17

Este pasaje describe claramente cómo debemos sentirnos como cristianos. El Señor nos ha quitado nuestro castigo y ha hecho retroceder a nuestro enemigo, Satanás. Él siempre está con nosotros (Mateo 28:20). Él es un poderoso salvador. Él se alegra por nosotros con cantos.

Todavía puedo recordar el día que mi hija, Hannah (ahora de diez años), nació en Bangalore, India. El hospital era muy básico, sin equipo electrónico. El parto fue bueno, y Nadine estaba descansando esa noche. La pequeña Hannah estaba envuelta en una piyama de peluche verde. Toda la noche arrullé a Hannah en mis brazos, maravillándome de la pequeña gema hecha por Dios, cantándole suavemente para que durmiera. Nunca me olvidaré de ese sentimiento. ¡Eso es lo que Dios siente cuando nos mira! El hermoso himno que a menudo cantamos en nuestras iglesias dice:

"Oí, mi Dios cantar para mí - y salvar cada nación
Oí, mi Dios cantar para mí - y vencer la tentación
Oí, mi Dios cantar para mí - es por causa de Jesús
Es por causa de Jesús"

Haciéndose el sordo

Creciendo, la alegría no era una experiencia frecuente en mi familia. Cuatro años después que mi papá se fue, cuando tenía catorce años, mi madre perdió su trabajo en la universidad. Ella tenía unos cuarenta años, y era difícil encontrar trabajo. Sentía mucho dolor por la manera en que su jefe se ocupó de su despido. El dinero era escaso, y tuvimos que esforzarnos para que las cuentas ajustaran. Mis amigos tenían automóviles y estaban envueltos en muchas actividades extracurriculares. Nosotros no teníamos un automóvil, y yo no tenía el dinero para hacer muchas de las cosas que otros adolescentes estaban haciendo. Me divertía estando con un grupo de amigos rebeldes, y nuestra diversión siempre estaba ligada al pecado. Había mucha gritería y poca amabilidad en casa; mucho venía de mi parte. Decidí que el trabajo duro iba a hacer que mi futuro fuera diferente al de mis padres. Era difícil para mí oír el canto de Dios en ese momento.

Alegría más allá de la medida

La Biblia pinta un cuadro completamente diferente de Dios, del que muchos de nosotros conocimos al crecer. Él no es un ser duro y gruñón que está esperando solamente que nos equivoquemos para poder eliminarnos. Más bien, Él está buscando una excusa para dar una fiesta en el cielo. ¡Él es el Dios que recorre los campos por nosotros, se arrastra de rodillas por nosotros, extiende sus brazos abiertos hacia nosotros, nos sostiene en sus brazos y entonces organiza una fiesta cuando regresamos a casa! En las tres parábolas de Lucas 15, el pastor, la mujer y el padre dan una fiesta cuando encuentran lo que perdieron. Y Jesús dijo:

"Les digo que así mismo se alegra Dios con sus ángeles por un pecador que se arrepiente" (Lucas 15:10).

Cuando Jesús entró en Jerusalén, "...*todos los discípulos se entusiasmaron y comenzaron a alabar a Dios en voz alta, por tantos milagros que habían visto".* Los fariseos entre la muchedumbre le dijeron a Jesús que impusiera silencio a sus discípulos, pero Jesús dijo, *"Les aseguro que si ellos se callan, hablarán las piedras"* (Lucas 19:37-40).

43

Jesús ha sido gozoso desde el principio. En su sabiduría, se regocijó en la creación:

"Cuando Dios cimentó la bóveda
celeste y trazó el horizonte sobre las aguas,
allí estaba yo presente.
Cuando estableció las nubes en los cielos
y reforzó las fuentes del mar profundo;
cuando señaló los límites del mar,
para que las aguas obedecieran
su mandato; cuando plantó los
fundamentos de la tierra,
allí estaba yo, afirmando su obra.
Día tras día me llenaba yo de alegría,
siempre disfrutaba de estar en su presencia"
(Proverbios 8:27-31).

Las Escrituras también describen cómo la naturaleza se regocija en la presencia de Dios:

"¡Brame el mar y todo lo que él contiene;
el mundo y todos sus habitantes!
¡Batan palmas los ríos,
y canten jubilosos todos los montes!"
(Salmo 98:7-8)

Isaías frecuentemente evocó el tema de la naturaleza que se regocija en la gloria de Dios (ver también Isaías 44:23 y 49:13)

"Se alegrarán el desierto y el sequedal;
se regocijará el desierto y florecerá como el azafrán.
Florecerá y se regocijará:
¡gritará de alegría! Se le dará la gloria del Líbano,
y el esplendor del Carmelo y de Sarón.
Ellos verán la gloria del Señor,
el esplendor de nuestro Dios"
(Isaías 35:1-2).

De hecho, se nos promete a los seguidores de Dios que la naturaleza se regocijará ante nuestra presencia:

"Ustedes saldrán con alegría
y serán guiados en paz.
A su paso, las montañas y las colinas
prorrumpirán en gritos de júbilo
y aplaudirán todos los árboles
del bosque" (Isaías 55:12).

No sólo al principio Dios es gozoso; también nos promete alegría al final de los tiempos. A los siervos fieles, en Mateo 25:21-23, se les hace una invitación: *"¡Ven a compartir la felicidad de tu señor!"* (Mateo 25:21,23). ¡La naturaleza misma del cielo es compartir la felicidad de Dios por toda la eternidad!

La alegría de la canción

Cuando estudiaba en MIT, al principio fui indiferente hacia el evangelio. Vine al grupo de charla bíblica y me llamaron la atención la viva enseñanza y las personas amigables, pero me consumía en mi trabajo. Sentía que no tenía tiempo para cruzar el pueblo y asistir a la iglesia. Sin embargo, mi punto de vista cambió en octubre de 1983.

Estaba ocupado preparando la tesis de grado de mi maestría, y la Iglesia de Cristo de Boston se hallaba promoviendo su Seminario Mundial de las Misiones de ese año. Asistí el sábado a la presentación de esa noche que incluyó un musical, casi con un montaje de ópera, de la canción *I Will Be With You,* realizado por los Boston Freedom Singers. La canción empezó con la voz de un hombre de expresión profunda que cantaba despacio y poderosamente, "al principio, Dios hizo al hombre para tener una amistad con él". La voz de una mujer cantó entonces apasionadamente citando el Salmo 8:4, *"¿Qué es el hombre, para que te fijes en él? ¿Qué es el ser humano, para que lo tomes en cuenta?".* Cuando ellos cantaron, yo empecé a llorar, comprendiendo que el infinito Dios eterno se preocupó por mí, a pesar de mi insignificancia en esta tierra. Por primera vez en mi vida podía oír a Dios que me cantaba y quise conocer a este Dios.

Oraciones gozosas

¿Cuál debe ser nuestra respuesta a la alegría infinita del Dios infinito? Necesitamos ser alegres en nuestras oraciones y en toda nuestra vida como cristianos. La alegría es uno de los frutos del Espíritu (Gálatas 5:22). ¡Aunque había leído ese pasaje muchas veces, nunca comprendí totalmente que la alegría viene de Dios hasta que mi gozoso amigo, Mohan Nanjundan, me lo señaló! Yo siempre pensé que trabajar duro era bueno y que el gozo estaba de algún modo asociado con el pecado. Estas creencias vinieron de mi propia experiencia, porque toda mi diversión antes había estado ligada al pecado.

Nuestras oraciones necesitan ser un torrente de alegría y gratitud ante un Dios gozoso, que está cantando. Él ama oírnos cuando estamos alegres. Él quiere que tengamos la actitud del salmista: *"El Señor es mi fuerza y mi escudo; mi corazón confía en él; de él recibo ayuda. Mi corazón salta de alegría, y con cánticos le daré gracias"* (Salmo 28:7). Debemos recordar, incluso en tiempos difíciles y de reflexión cuando la mano de Dios pesa sobre nosotros, que *"...sólo un instante dura su enojo, pero toda una vida su bondad. Si por la noche hay llanto, por la mañana habrá gritos de alegría"* (Salmo 30:5). Él está cantando. Él está sonriendo. Él está divirtiéndose. Oigamos cantar a Dios, y oremos como si pudiéramos oírlo.

HACIENDO INVENTARIO

1. *¿Cuál fue tu imagen de Dios mientras crecías? ¿Cómo ha cambiado desde que conociste al Dios de la Biblia?*

2. *¿Ves a Jesús como un hombre gozoso? Encuentra algunos pasajes de la Biblia que reflejen su alegría y señálalos.*

3. *¿Tienes una canción alegre favorita para cantar a Dios en tus tiempos libres? Si no, encuentra una y sal a intentarlo.*

8

Dios es un fuego consumidor

"Así que nosotros, que estamos recibiendo
un reino inconmovible, seamos agradecidos.
Inspirados por esta gratitud, adoremos a Dios
como a él le agrada, con temor reverente,
porque nuestro 'Dios es fuego consumidor.'"

Hebreos 12:28-29

El Dios al que nosotros oramos es un Dios al que necesitamos temer, y también es un Dios que nos invita a su amistad a través del perdón total de nuestros pecados por la sangre de Jesús. Él quiere que seamos agradecidos. También quiere que seamos humildes, rindiéndole culto con reverencia y admiración. Él es un fuego consumidor, un Dios celoso que quiere que lo amemos a Él y no a ídolos (Deuteronomio 4:24).

Al único y bendito Soberano, Rey de reyes y Señor
de señores, al único inmortal, que vive en luz inaccesible, a
quien nadie ha visto ni puede ver, a él sea el honor y el poder
eternamente. Amén. (1 Timoteo 6:16-17)

A nuestra imagen

Nuestro problema es que pensamos que Dios es como nosotros. En el Salmo 50:21 Dios dice, *"...¿Acaso piensas que soy como tú?"*. Además, Dios dice, *"Porque mis pensamientos no son los de ustedes, ni sus caminos son los míos..."* (Isaías 55:8). Históricamente, las sociedades que desarrollan sus propias religiones tienen dioses que se parecen a los humanos. La mitología griega está llena de dioses pecadores. Los rasgos pecaminosos de los dioses del animismo y el hinduismo nos recuerdan a nosotros mismos. Pero nuestro Padre en el cielo es totalmente sin defecto o mancha, con una santidad purificadora que es sobrecogedora.

Tú puedes haber crecido en un hogar donde el engaño, las promesas rotas y la falta de integridad eran normales. Un hijo de un ministro denominacional prominente en los Estados Unidos fue citado diciendo, "Si Dios es como mi padre, yo no quiero tener nada que ver con Él"[1]. Tú también puedes ver a Dios de esta manera.

Puedes haber tenido el hábito de "salirte con la tuya" en lo que se refería al pecado. El Salmo 94:7 dice que el malhechor exclama, *"El Señor no ve; el Dios de Jacob no se da cuenta".* Jeremías condena al pueblo de Israel: *"Ellas han negado al Señor, y hasta dicen: '¡Dios no existe! Ningún mal vendrá sobre nosotros, no sufriremos guerra ni hambre"'* (Jeremías 5:12). Mientras oremos, debemos recordar que nuestro Dios es un fuego consumidor.

Su imagen real

Dios se le apareció a Ezequiel en fuego llameante en una visión en el río de Quebar en Ezequiel 1. La visión y la luz resplandeciente asombraron a Ezequiel, cayó rostro en tierra y escuchó a Dios (Ezequiel 1:27-28). Igualmente, en Apocalipsis 1, Juan vio a Jesús en toda su gloria después de la ascensión. Él vestía una túnica con una faja de oro alrededor de su pecho (v. 13). Su cabeza y cabellera eran blancas como la nieve, *"y sus ojos resplandecían como llama de fuego"* (v. 14). (Esos ojos de fuego llameante pueden ver directamente a través de nosotros, totalmente conscientes de todos nuestros pecados). Sus pies eran como el bronce que brilla en un horno (v. 15). Una espada de doble filo salía de su boca, y su rostro era brillante como el sol (v. 16). Enfrentado con la realidad de Jesús, Juan cayó a sus pies como muerto. Jesús lo confortó y le dijo que no tuviera miedo, pero su primera reacción fue de miedo (v. 17). La paradoja de Dios es esta: aunque una y otra vez Él nos dice que no tengamos miedo, también dice, *"Yo estimo a los pobres y contritos de espíritu, a los que tiemblan ante mi palabra"* (Isaías 66:2). También, Pablo animó a los filipenses a que trabajaran por su salvación *"... con temor y temblor..."* (Filipenses 2:12).

Pedro era un pescador común, ávido de aprender de Jesús. ¡Pero cuando él vio el poder de Dios después de la pesca milagrosa, le pidió a Jesús, *"¡Apártate de mí, Señor; soy un pecador!"*

---

[1] *Jerry Bridges,* The Joy of Fearing God *(Colorado Springs: Waterbrook Press, 1997), pág. 218.*

(Lucas 5:8). Jesús le dijo, *"No temas; desde ahora serás pescador de hombres"* (Lucas 5:10). Cuando un Dios santo nos confronta como hombres pecadores, el único resultado posible es el miedo y el temblor. Cuando Isaías fue llamado por Dios la primera vez, él tuvo la visión que sirve como modelo para nosotros:

"El año de la muerte del rey Uzías,
vi al Señor excelso y sublime, sentado en un trono; las orlas
de su manto llenaban el templo. Por encima de él había
serafines, cada uno de los cuales tenía seis alas: con dos de
ellas se cubrían el rostro, con dos se cubrían los pies,
y con dos volaban. Y se decían el uno al otro:
'Santo, santo, santo, es el Señor Todopoderoso;
toda la tierra está llena de su gloria'. Al sonido de sus voces,
se estremecieron los umbrales de las puertas y el templo
se llenó de humo. Entonces grité: '¡Ay de mí, que estoy
perdido! Soy un hombre de labios impuros y vivo
en medio de un pueblo de labios blasfemos, ¡y no obstante
mis ojos han visto al Rey, al Señor Todopoderoso!'.
En ese momento voló hacia mí uno de los serafines.
Traía en la mano una brasa que, con unas tenazas, había
tomado del altar. Con ella me tocó los labios y me dijo:
'Mira, esto ha tocado tus labios; tu maldad ha sido borrada,
y tu pecado, perdonado'. Entonces oí la voz del Señor que
decía: –¿A quién enviaré? ¿Quién irá por nosotros? Y respondí:
–Aquí estoy. ¡Envíame a mí!" (Isaías 6:1-8).

Isaías tuvo la visión de la gloria de Dios, pero también de su santidad (vv. 1-4). Su primera reacción fue de quebrantamiento total. Él comprendió que él y su gente eran profundamente pecadores ante la presencia del Dios santo. Y en ese estado indigno, Dios extendió su gracia y perdonó a Isaías (vv. 6-7). Preguntó entonces si Isaías iría adelante en su nombre (v. 8). Anima mucho saber que Dios nos ha perdonado como cristianos a través de Jesucristo.

Nuestra humilde respuesta

Debemos estar totalmente conscientes de nuestra propia indignidad. Después de mucho debatir con Dios y sus sirvientes, y después que Dios habló, Job dijo: *"De oídas había oído hablar de ti, pero ahora te veo con mis propios ojos. Por tanto, me retracto de lo que he dicho, y me arrepiento en polvo y ceniza"* (Job 42:5-6). Ésta es la reacción que debemos tener cuando nuestros egos pecadores se encuentran ante el puro, santo y perfecto Dios.

David también entendió nuestra indignidad ante los ojos de Dios. Después de alabar a Dios, David oró:

"Pero, ¿quién soy yo, y quién es mi pueblo, para que podamos darte estas ofrendas voluntarias? En verdad, tú eres el dueño de todo, y lo que te hemos dado, de ti lo hemos recibido. Ante ti, somos extranjeros y peregrinos, como lo fueron nuestros antepasados. Nuestros días en la tierra son sólo una sombra sin esperanza" (1 Crónicas 29:14-15).

Él se sentía indigno ante la santidad consumidora de Dios. Salomón le pidió a Dios que oyera las oraciones de los hombres cuando fueran hechas por alguien *"...consciente de su propia culpa..."* (1 Reyes 8:38). Jesús reprendió a la iglesia en Laodicea cuando se ufanó de su autosuficiencia material: *"Dices: 'Soy rico; me he enriquecido y no me hace falta nada'; pero no te das cuenta de que el infeliz y miserable, el pobre, ciego y desnudo eres tú"* (Apocalipsis 3:17).

Cuando oro, a menudo hago la oración de Apocalipsis 3, "Señor, yo soy infeliz, miserable, pobre, ciego y desnudo. Por favor ayúdame". Jesús elogió al cobrador de impuestos que oró, *"¡Oh Dios, ten compasión de mí, que soy pecador!"* (Lucas 18:13). Nuestras posesiones materiales o las buenas acciones, de ninguna manera nos hacen dignos de estar en la presencia del que es Santo. Es sólo por su gracia que podemos tener una relación con Él. No nos permitamos nunca tomar el crédito.

Temiendo a Dios en la oración

Cuando oremos, démosle a Dios el respeto que se merece. Sí, Él quiere ser nuestro amigo, pero debemos tratarlo como un verdadero amigo. Algunos oramos usando el nombre de Dios como un signo de puntuación: "Dios, yo sólo quiero decir, Dios, que eres grande, Dios. Y padre Dios, eres imponente, Dios, y nos ayudas, Dios, nos diste a Jesús, Dios. Gracias Dios. Acompáñanos, Dios". Entiendes el punto; ¿no? En otras ocasiones, nuestras mentes flotan y divagan, y balbuceamos como los paganos (Mateo 6:7). O intentamos orar en un lugar que es demasiado caluroso o demasiado cómodo, y el sueño nos atrapa. A veces bailamos con el pecado, y nos preguntamos: ¿Por qué parece que Dios no nos escucha?

Un Dios santo nos exige que seamos justos, o Él no contestará nuestras oraciones. En el Salmo 66:16-20, el salmista explicó que él clamó a Dios, alabándolo. Si él hubiera acariciado el pecado en su corazón, incluso con todas las oraciones y los fuertes lamentos, Dios no habría escuchado. Dios puede rechazar nuestras oraciones si no estamos haciendo lo correcto.

En Josué 7, los israelitas intentaron atacar Haí, pero fracasaron (Josué 7:1-5). Dios no los bendijo porque Acán había tomado algunas de las cosas consagradas en Jericó. Josué rasgó su ropa y se postró con su rostro en tierra ante Dios, orando. Pero la respuesta de Dios fue y es muy instructiva:

> "Y el Señor le contestó: –¡Levántate!
> ¿Qué haces allí postrado? Los israelitas han pecado
> y violado la alianza que concerté con ellos.
> Se han apropiado del botín de guerra que debía ser destruido
> y lo han escondido entre sus posesiones.
> Por eso los israelitas no podrán hacerles frente a sus
> enemigos, sino que tendrán que huir de sus adversarios.
> Ellos mismos se acarrearon su destrucción.
> Y si no destruyen ese botín que está en medio de ustedes,
> yo no seguiré a su lado" (Josué 7:10-12).

Igualmente, en 2 Samuel 21 leemos sobre los tres años de hambruna durante el reinado de David. La gente oró, pero Dios respondió que los israelitas habían violado su promesa asesinando a los gabaonitas (v. 2). ¡Esta promesa se había hecho en Josué 9, cientos de años antes, pero Dios aún esperaba que guardaran su palabra! Sólo después que David compensó a los gabaonitas, Dios puso fin a la hambruna y respondió a la oración de Israel (2 Samuel 21:14). La oración de un hombre justo es poderosa y eficaz.

He tenido tiempos en mi vida cristiana en los cuales he ayunado, orado, llorado y rogado a Dios. Pero mis pecados (o los pecados en mi iglesia) han impedido a Dios oír mis oraciones. En Bangalore, en 1990, enfrentamos una fuerte persecución, y oré constantemente, pero no tenía ninguna paz. Oré, pero no dejé mis cargas a Dios (Filipenses 4:6-7, 1 Pedro 5:7). Fui infiel e inseguro, y tenía resentimientos con mis perseguidores. A veces me sentaba en casa, con mi corazón palpitando aprisa por el miedo cuando el timbre o el teléfono repicaban. Me preguntaba quién podría ser y qué amenazas seguirían. Caminaba deprimido en la calle con miedo de compartir mi fe porque temía que algún policía me viera. Me volví hosco con las personas a mi alrededor. La iglesia pasó por un período de nueve meses sin ningún crecimiento, y esto rompió mi corazón. Sólo el reconocer mis pecados de miedo, inseguridad y amargura hizo que Dios contestara de nuevo mis oraciones. En otras oportunidades tuve luchas con distracciones o falta de rectitud, y he encontrado que tenía pocas o ninguna oración contestada en mi vida.

Toda la oración del mundo no llegará a Dios si no proviene de un corazón puro. Recuerda, es la oración del justo la que es poderosa y eficaz. Nuestro Dios es completamente santo. Él es un fuego consumidor, y sus ojos calan en las profundidades de nuestras almas. Sólo cuando nos esforzamos por ser santos, como Él es santo, nuestras oraciones son oídas por Dios.

HACIENDO INVENTARIO

1. *¿Cuánto valoras el estar en las cortes del templo de Dios cuando oras? ¿Vienes ante Él con miedo y temblor, reverencia y temor? ¿Cómo te ves ante Él –en buena condición– porque tienes trabajo, algo de dinero y un lugar para vivir? ¿Cómo vas a cambiar?*

2. *¿Cuán enfocado estás en la rectitud? ¿La confesión de pecado es parte integral de tu vida? ¿Tratas de orar por tus problemas cuando en realidad has dejado atrás pecados por confesar?*

3. *¿Conoces algún discípulo en tu ministerio cuyo pecado pueda estar deteniendo las bendiciones de Dios? ¿Qué harás al respecto?*

9

Dios es más poderoso de lo que imaginamos

"Al que puede hacer muchísimo más que todo
lo que podemos imaginarnos o pedir,
por el poder que obra eficazmente en nosotros,
¡a él sea la gloria en la iglesia y en Cristo Jesús por todas
las generaciones, por los siglos de los siglos! Amén."

Efesios 3:20-21

Dios corre. Dios se arrastra. Dios extiende sus brazos abiertos. Dios nos sostiene. Él seca nuestras lágrimas. Él nos valora como joyas; Él es santo, es fuego consumidor. Y es más poderoso de lo que podemos imaginar. Pablo oró para que ese Dios increíblemente poderoso se glorificara en las vidas y corazones de los cristianos de Éfeso:

Pido también que les sean iluminados los ojos del
corazón para que sepan a qué esperanza él los ha llamado,
cuál es la riqueza de su gloriosa herencia entre los santos,
y cuán incomparable es la grandeza de su poder a favor de los
que creemos. Ese poder es la fuerza grandiosa y eficaz.
(Efesios 1:18-19)

El poder que resucitó a Jesús de la muerte está disponible para quienes así lo crean. Nuestra vida de oración se revoluciona cuando empezamos a entender cuán poderoso es Dios.

Muchos de nosotros servimos a un dios endeble y limitado; endeble por nuestros fracasos y experiencias, y por nuestras desilusiones y dudas. Él no es el Dios de las Escrituras, es un dios diminuto de nuestra propia creación, para ser manipulado en lugar de adorado, ignorado en lugar de obedecido. Quizás nuestros padres terrenales no siempre estuvieron presentes para nosotros. Quizás nosotros no hemos visto todos nuestros sueños hacerse realidad. A pesar de estos hechos, el Dios de la Biblia es más poderoso de lo que nosotros podemos imaginar.

Poder sobre la creación

Desde Génesis hasta Apocalipsis, la Biblia resuena con el imponente poder de Dios. La Biblia empieza con el *big bang* de Dios, la creación. Versículo tras versículo, Génesis explica la increíble creación de Dios. Él es más grande que el universo, está por encima del mismo; como oró Salomón, *"Si los cielos, por altos que sean, no pueden contenerte, ¡mucho menos este templo que he construido!"* (2 Crónicas 6:18). Sin embargo, *"él no está lejos de ninguno de nosotros"* (Hechos 17:27). Él existe fuera del tiempo, como Moisés oró en Salmos 90:1-2.

Él hizo todo lo que podemos ver, y todo lo que no podemos ver. Él hizo todas las estrellas. Algunos científicos dicen que si cada una fuera un grano de arena, cubrirían la tierra entera hasta un pie de profundidad. No obstante, cada uno tiene un nombre conocido por Dios (Salmo 147:4). Él hizo las montañas y los climas; Él creó el sistema solar y todas las galaxias. Pero también *"revela al hombre sus designios"* (Amós 4:13). El profeta Nahúm dijo que *"las nubes son el polvo de sus pies"* (Nahúm 1:3). Incluso ni un solo gorrión puede caerse a tierra sin que Dios lo permita (Mateo 10:29).

Dios nos conoce completamente. David dijo, *"Ante ti, Señor, están todos mis deseos"* (Salmo 38:9). David también dijo:

> "Sabes cuándo me siento y cuándo me levanto;
> aun a la distancia me lees el pensamiento.
> Mis trajines y descansos los conoces;
> todos mis caminos te son familiares" (Salmo 139:2-4).

Nosotros, sin embargo, no podemos empezar a entender el inmenso poder de Dios. Él es más poderoso que el más grande terremoto, el fuego más consumidor, la explosión más enérgica. El Salmo 104:32 dice de Dios, *"...mira la tierra y la hace temblar; toca los montes y los hace echar humo"*. El poder humano es nada ante el imponente poder de Dios. Cuando Moisés dudó del poder de Dios para alimentar a sus 600.000 hombres, Dios dijo, *"¿Acaso el poder del Señor es limitado? ¡Pues ahora verás si te cumplo o no mi palabra!"* (Números 11:21-23). Oseas 10:7 describe a Samaria y su rey como una rama arrastrada por el agua. Enfrentados con el enfadado rey Nabucodonosor, Sadrac, Mesac y Abednego declararon:

"¡Si se nos arroja al horno en llamas, el Dios al que servimos
puede librarnos del horno y de las manos de Su Majestad!
Pero aun si nuestro Dios no lo hace así, sepa usted que no
honraremos a esos dioses ni adoraremos a su estatua".
(Daniel 3:17-18)

Después, estos tres hombres fueron rescatados por un
ángel de Dios que caminó con ellos en el fuego (Daniel 3:25, 28).

El profeta Isaías *vio la gloria de Jesús y habló de él"* (Juan
12:41). Él tenía una visión clara de Dios. Él advirtió al admi-
nistrador del palacio:

"Mira, hombre poderoso,
el Señor está a punto de agarrarte
y arrojarte con violencia.
Te hará rodar como pelota,
y te lanzará a una tierra inmensa.
Allí morirás; allí quedarán
tus gloriosos carros de combate.
¡Serás la vergüenza de la casa de tu señor!"
(Isaías 22:17-18)

Isaías 40, citado en los Evangelios, cuando se cumple por
Juan El Bautista (Mateo 3:3, Marcos 1:2, Lucas 3:4-6), describe el
poder imponente de Dios y la insignificancia del hombre. Somos
como césped que se marchita ante el Dios eterno (Isaías 40:7-8).
Santiago 4:14 dice que somos una neblina. Isaías 40:12 dice:

"¿Quién ha medido las aguas con la palma de su mano,
y abarcado entre sus dedos la extensión de los cielos?
¿Quién metió en una medida el polvo de la tierra?
¿Quién pesó en una balanza las montañas y los cerros?"

Los océanos caben en la mano de Dios; el universo es del
ancho de su mano; todo el polvo de la tierra y las montañas caben
en su canasta. ¡Dios es tan grande, tan fuerte y tan poderoso! En
Isaías 40:13-14 se dice que no hay quién pueda enseñar o instruir a
Dios; ¡ciertamente, no nosotros! En el versículo 15 dice, *"A los ojos
de Dios, las naciones son como una gota de agua en un balde, como una
brizna de polvo en una balanza".* Podemos temblar ante las autori-
dades del mundo. Pero aun ellos son como una gota de agua en un
balde, ante los ojos de Dios; insignificantes. Son como polvo en una
balanza. Como observa Jerry Bridges en *The Joy of Fearing God:*

"El cuadro es el de un par de balanzas como las que podríamos usar en un laboratorio de ciencias, que en tiempos de la Biblia se usaban en el comercio ordinario. Sabemos que una partícula de polvo en sus bandejas sería inmaterial, y no tendría efecto en la exactitud de la medida. Imagínese comprando frutas y verduras en un supermercado, entonces le dice al empleado de la caja: "Por favor limpie el polvo de las balanzas antes de pesar mis productos. No quiero pagar por el polvo". Semejante preocupación es absurda. El peso del polvo es insignificante, irrelevante, no pertinente. Y para Dios, las naciones del mundo no son nada más que eso. No es que a las naciones no se les considere imponentes en un nivel humano. Algunas de ellas a través de la historia han sido imperios mundiales. Pero, sin importar cuán grandes son o fueron, Dios es infinitamente mayor. Ante Él, todos los Estados más poderosos de la historia no son más que una gota de agua en un balde o polvo en una balanza" [1].

Dios puede enaltecer o derrumbar a gobernantes simplemente soplando sobre ellos (Isaías 40:23- 24; también ve el Salmo 75:6-7). Él se asegura que no falte ni una sola estrella (Isaías 40:26). Él es eterno y el Creador. Él no se cansa ni se desanima como nosotros (Isaías 40:28). Isaías prometió que si confiamos en el Señor, renovaremos nuestras fuerzas, mientras caminamos, corremos y volamos con Dios (Isaías 40:28-31).

Poder a través de la oración

El imponente poder de Dios está más allá de nuestra habilidad para describir o imaginar. Sin embargo, podemos conectarnos a este poder a través de la oración, como lo dijo Jesús:

"Les aseguro que si alguno le dice a este monte: 'Quítate de ahí y tírate al mar', creyendo, sin abrigar la menor duda de que lo que dice sucederá, lo obtendrá. Por eso les digo: Crean que ya han recibido todo lo que están pidiendo en oración, y lo obtendrán" (Marcos 11:23-24).

---

[1] *Jerry Bridges*, The Joy of Fearing God *(Colorado Springs: Waterbrook Press, 1997), pp. 53-54.*

Nuestro Dios puede hacer más de lo que nosotros pidamos o imaginemos. Él prometió abrir las puertas para su sirviente, el rey Ciro (Isaías 45:1). Él abrió las puertas para que Pablo predicara (1 Corintios 16:9, 2 Corintios 2:12, Hechos 14:27). Pablo les pidió a los colosenses que oraran para que se abrieran las puertas (Colosenses 4:3). Dios dio a la iglesia en Filadelfia *"...una puerta abierta que nadie puede cerrar"* (Apocalipsis 3:8). Él prometió a Josué, *"...yo les entregaré a ustedes todo lugar que toquen sus pies"* (Josué 1:3).

Poder en el juicio

La Biblia termina como empieza, con el imponente poder de Dios en el juicio de Apocalipsis:

> "El séptimo ángel derramó su copa en el aire,
> y desde el trono del templo salió un vozarrón que decía:
> '¡Se acabó!' Y hubo relámpagos, estruendos, truenos y un
> violento terremoto. Nunca, desde que el género
> humano existe en la tierra, se había sentido un terremoto
> tan grande y violento" (Apocalipsis 16:17-18).

Hubo ríos de sangre (Apocalipsis 14:20), granizo de más de cuarenta kilos (Apocalipsis 16:21), las montañas y las islas se nivelaron (Apocalipsis 6:14, 16:20), y el cielo desapareció *"...como cuando se enrolla un pergamino"* (Apocalipsis 6:14). En esta escena espantosa del juicio, el cielo se abre, y Jesús aparece:

> "Vi el cielo abierto; y apareció un caballo blanco, y el que lo
> montaba se llamaba Fiel y Verdadero, porque con rectitud
> gobernaba y hacía guerra. Sus ojos brillaban como llamas de
> fuego, llevaba en la cabeza muchas coronas y tenía un nombre
> escrito que solamente él conocía. Iba vestido con ropa teñida de
> sangre, y su nombre era: La Palabra de Dios. Lo seguían los
> ejércitos del cielo, vestidos de lino fino, blanco y limpio,
> y montados en caballos blancos. Le salía de la boca una espada
> afilada, para herir con ella a las naciones. Las gobernará con cetro
> de hierro. Y él mismo pisará las uvas para sacar el vino de la ira
> terrible del Dios todopoderoso. En su manto y sobre el muslo
> llevaba escrito este título: 'Rey de reyes y Señor de señores'"
> (Apocalipsis 19:11-16; La Biblia de Estudio - Dios Habla Hoy).

Éste no es el Jesús afeminado, a veces retratado en el arte medieval y renacentista. Éste es un feroz y poderoso hijo de Dios; debemos temerle. Pero también, cada uno debe regocijarse desde lo más profundo de su ser, dentro de sí, de que este potente, poderoso Salvador esté de nuestro lado y de que estaremos con él en la gloria algún día.

Sé una cosa. Cuando ese gran día ocurra, quiero asegurarme de que yo, mi familia, mis amigos y todos los demás estén bien con Dios. Es tiempo de que creamos en este poderoso Dios, para creer que Él está con nosotros. Es tiempo de pedirle que haga las cosas que nunca hemos soñado o imaginado. Nuestros mayores problemas son pequeños a los ojos de Dios. ¡Él está listo para hacer milagros; preparémonos para pedir!

HACIENDO INVENTARIO

1. *¿Cómo es actualmente tu visión de Dios? Sin tomar en cuenta la referencia de las escrituras citadas, ¿cómo tu manera de orar evidencia tu visión de Dios?*

2. *¿Qué puertas ha abierto Dios para ti en el pasado? ¿Cómo lo ha hecho recientemente? ¿Qué nuevas puertas le pedirás que abra como resultado de leer este capítulo?*

3. *¿Cómo te sientes sobre el día del Juicio? Estudia otras escrituras que corrijan o apoyen tu visión actual.*

10

Dios está preparándonos un lugar

"No se angustien. Confíen en Dios
y confíen también en mí. En el hogar de mi Padre hay muchas
viviendas; si no fuera así, ya se lo habría dicho
a ustedes. Voy a prepararles un lugar."

Juan 14:1-2

Jesús quiere que tengamos paz en nuestro corazón porque él ha preparado un lugar para nosotros en el cielo. Dios tiene una inmensa "casa" con muchas habitaciones, para todo tipo de personas. Hay suficiente espacio para ti y para mí. Jesús quería que sus discípulos recordaran hacia dónde iban porque la vida en la tierra es mucho más fácil cuando sabes para dónde vas a ir al final. La vida, como cristiano, es como ver una película cuando ya conoces el final; ¡los buenos ganan! Esto debería cambiar nuestra forma de sentir y nuestra forma de orar.

Cuando Jesús predicaba, su mente estaba enfocada en el cielo. En Lucas 10:17-20, los discípulos regresaron después de un viaje exitoso del ministerio, alegrándose de las victorias que Dios les había dado. Por el contrario, Jesús dijo a los discípulos que se alegraran porque sus nombres estaban escritos en el cielo. En otras palabras, su destino final era más importante que sus derrotas o victorias diarias .

Jesús dijo: *"Por lo tanto, no se angustien por el mañana, el cual tendrá sus propios afanes. Cada día tiene ya sus problemas"* (Mateo 6:34). Muy a menudo son los problemas del día, y no la gloria de Dios, lo que domina nuestras oraciones. Él quiere que recordemos que nos está preparando un lugar en el cielo. El cielo es tan increíble; vale la pena enfocar frecuentemente nuestros corazones en él. Durante las grandes persecuciones contra la

Iglesia en la segunda mitad del primer siglo, Dios les dio a los cristianos el libro del Apocalipsis de Juan para recordarles lo que ganarían al final. Todo el sufrimiento valió y vale la pena, si consideramos cómo debe ser el cielo.

Henry Kriete es un muy querido amigo mío, y uno de mis predicadores favoritos. Cuando me hice discípulo, fueron sus enseñanzas las que movieron mi corazón. Le encanta hablar del cielo, y cada vez que lo escucho, quiero ir allá. Examinemos algunos aspectos del cielo, para que nos veamos más motivados a orar con alegría.

La hipocresía desaparecerá

A veces vemos caer a líderes espirituales y se nos rompe el corazón. Además, vemos nuestras propias fallas. Pero el cielo es un lugar sin pecado. En Apocalipsis 21, Juan describió su visión de la nueva Jerusalén, del cielo. Nada impuro, vergonzoso o engañoso puede entrar allí. Sólo aquéllos cuyos nombres están escritos en el libro de la vida del Cordero estarán allá (Apocalipsis 21:27). En esta vida estamos siendo transformados para parecernos a Jesús (2 Corintios 3:17-18), pero cuando él aparezca y nos lleve al cielo "*seremos como él*" (1 Juan 3:2). ¡Nuestra propia debilidad y nuestro pecado habrán desaparecido para siempre!

En este mundo, vemos a menudo mucha hipocresía. Vemos a nuestros líderes políticos decir una cosa y hacer otra. En el cielo, las cosas son totalmente diferentes. La hipocresía no existe. Todas las relaciones son transparentes y puras. No hay de qué avergonzarse. No hay necesidad de usar máscaras. ¡Es la clase de lugar a donde todos quisiéramos ir! Y cuando oramos, debemos orar como si ya estuviéramos allí. Dios conoce nuestros corazones, y no necesitamos aparentar o usar máscaras cuando estamos con Él. Nos ama así como somos.

Eternidad con Dios

En Apocalipsis 21 también vemos que en la nueva Jerusalén, "*¡Aquí entre los seres humanos está la morada de Dios! Él acampará en medio de ellos y ellos serán su pueblo. Dios mismo estará con ellos y será su Dios*" (Apocalipsis 21:3). Apocalipsis 7 describe una "*gran* *multitud"* (v. 9) en el cielo, quienes *"están delante del trono de Dios, y de día y noche le sirven en su templo"* (v. 15). Jesús dijo: *"Y ésta es la vida eterna: que te conozcan a ti, el único Dios verdadero, y a Jesucristo, a quien tú has enviado"* (Juan 17:3). Las Escrituras son claras; cuando lleguemos al cielo, estaremos congregados con Dios para siempre. Es una relación que degustamos en la tierra cuando oramos. Pero en la tierra, *"vemos de manera indirecta y velada, como en un espejo; pero entonces veremos cara a cara"* (1 Corintios 13:12).

Necesitamos apreciar, de verdad, cuán maravillosa será para nosotros esta relación eterna con Dios. En Apocalipsis 21:9-10, el ángel le dice a Juan:

> "'Ven, que te voy a presentar a la novia,
> la esposa del Cordero'. Me llevó en el Espíritu a una montaña
> grande y elevada, y me mostró la ciudad santa, Jerusalén,
> que bajaba del cielo, procedente de Dios."

Esta esposa es la Iglesia; ¡somos nosotros! Jesús se casa con nosotros y está con nosotros para siempre en el cielo. Todavía puedo recordar la imagen de mi novia, Nadine, cuando caminaba por el pasillo hacia el altar. La sensación de anticipación, de cuán poco la merecía, y de alegría, estarán conmigo el resto de mi vida. ¡Estaba tan feliz de que se casase conmigo! ¡Cuánto más feliz será pasar la eternidad en una unión íntima y espiritual con el Cordero!

Una relación maravillosa

Jesús nos pintó un cuadro del cielo y del infierno en Lucas 16:19-31. Allí vemos a Lázaro al lado del mismo Abraham. En Lucas 13:28-29, Jesús explicó que Abraham, Isaac y Jacob, y todos los profetas estarán allá, en el Reino de Dios, el día del juicio. Será como una fiesta, con personas que vendrán de todas partes. Hebreos 12:1 habla de cómo estamos rodeados de una *"multitud tan grande de testigos"*. En el Monte de la Transfiguración, Pedro, Santiago y Juan tuvieron la oportunidad de estar junto a Jesús, Moisés y Elías (Mateo 17:1-9). ¡Así es como será en el cielo! Imagínate el tener la oportunidad de estar con el profeta Samuel, o de pasar un rato con Daniel, o Sadrac, o Mesac o Abednego. ¡Qué tal tener una gran relación con el apóstol Pablo o con Lidia, o la oportunidad de conocer al autor del libro de Hebreos! En este mundo, cuando conseguimos estar con las personas que amamos y respetamos, no siempre hay suficiente tiempo; pero en el cielo, eso nunca será un problema. La relación será fabulosa e interminable. ¡Será increíble!

Visiones de gloria

Cuando oramos, es útil imaginarnos a Dios sentado en el cielo, en toda su gloria y majestad. En Apocalipsis 4:1-2, Juan fue conducido por una puerta abierta en el cielo hasta el salón del trono de Dios. Un arco iris circundaba el trono (v. 3). Había otros veinticuatro tronos alrededor, con los veinticuatro ancianos (las doce tribus de Israel y los doce apóstoles) sentados cerca de Dios, vestidos de blanco, con coronas de oro (v. 4). Del trono salían truenos y relámpagos (v. 5). Ante el trono había un mar de vidrio, tan claro como el cristal (v. 6). La sala estaba llena de una luz radiante que provenía del Espíritu Santo (v. 5). Criaturas vivas extrañas, cubiertas de ojos, alababan contínuamente a Dios (vv. 6-8). Al mismo tiempo, los veinticuatro ancianos se postraron y alabaron a Dios, ofreciendo sus coronas ante Él (vv. 10-11).

En Apocalipsis 5 vemos a un Cordero degollado (Jesús) aproximarse al trono de Dios (vv. 6-7). Fue el único digno de abrir el rollo (vv. 4-5). Cuando tomó el rollo, todas las criaturas vivientes y los veinticuatro ancianos se postraron ante el Cordero (v. 8). Cada uno de ellos tenía un arpa, y copas de oro llenas de incienso, que son las oraciones del pueblo de Dios (v. 8). Comenzaron a cantar (vv. 9-10) y aparecieron un millón de ángeles cantando con fuerza acerca del Cordero (vv. 11-12). Luego, una multitud aún más grande cantó para alabar al Cordero (v. 13). ¡Esta visión es verdaderamente explosiva y gloriosa!

Cuando oramos, nuestras oraciones van a esta escena increíble. Son ofrecidas al Cordero glorioso ante el trono de Dios. Son las únicas cosas en el cielo hechas por seres humanos.

Cuando vivimos en India, frecuentemente íbamos a Agra y llevábamos visitantes a ver el Taj Mahal, el hermoso mausoleo construido en honor de la esposa muerta del Sha Jahan. El mármol, de labrado intrincado, las piedras preciosas en las paredes, el agua en la fuente del frente, y los edificios simétricos alrededor, se combinan para crear una vista inspiradora y asombrosa. Sin embargo, no es nada comparado con la gloria del cielo. Se describe a la nueva Jerusalén como 10.000 veces mayor en dimensiones, que el sorprendente Taj Mahal.

Tenemos una iglesia en Katmandú, Nepal. Cerca de allí están los Himalayas. Allí hicimos algunos retiros espirituales para los líderes de las iglesias de la India. Nos quedamos en las montañas, en alojamientos sin baños y sin agua corriente. Pero si bien las comodidades físicas no eran las ideales, la vista era ¡fabulosa! La primera mañana, en el aire limpio, pudimos levantar la mirada y ver los picos nevados. Todo lo que pude decirle a Dios fue "¡Wow!". ¡Era alucinante!

Cada mañana salimos a tener nuestros tiempos con Dios en las laderas de las montañas. Podíamos ver el monte Everest en la distancia y a un lado el monte Amadablam, que se elevaba casi siete mil metros (23.000 pies) sobre nosotros. Todo lo que nos rodeaba eran picos increíbles. Miles de metros hacia abajo podíamos ver un pequeño riachuelo que serpenteaba entre las montañas. A veces, mientras orábamos en las laderas de las montañas, las nubes nos envolvían. ¡Era una vista verdaderamente inspirante! Me senté y me maravillé ante la creación de Dios, pensando cómo había pellizcado la superficie de la tierra para hacer esas montañas tan poderosas. ¡Imagina la visión que tendremos de la nueva Jerusalén, descrita en Apocalipsis, a unas 1.400 millas de altura!

Premios excitantes

El cielo es un lugar lleno de bendiciones. De hecho, si Dios abre las compuertas del cielo, habrá tantas bendiciones que no tendremos suficiente espacio para ellas aquí en la tierra (Malaquías 3:10). En el Sermón del Monte en Mateo 5-7, Jesús se refiere varias veces a nuestra recompensa en el cielo. En 1 Corintios 2:9-10, Pablo cita el Antiguo Testamento cuando dice: *"Ningún ojo ha visto, ningún oído escuchado, ninguna mente humana ha concebido lo que Dios ha preparado para quienes lo aman".* En contexto, Pablo se está refiriendo a algo que ahora hemos recibido como discípulos cuando otros antes que nosotros no pudieron imaginarlo, pero todavía queda la sensación en la escritura de que algo falta por realizarse. Dios tiene planes para darnos todavía más de lo que podemos imaginar. Romanos 8:32 dice que junto con Jesús, Dios *"nos dará generosamente todas las cosas".*

¿Cuán grande es nuestra recompensa en el cielo? No lo sé, no puedo apreciarla. Sé que en la tierra he disfrutado del gusto maravilloso de la comida, la frescura de un baño en agua tibia, la alegría de nadar en agua limpia, la belleza de la unión sexual en el matrimonio, la paz que viene con una buena noche de descanso, y la felicidad de saber que he hecho un buen trabajo. El cielo está lejos, mucho más que todas estas cosas; ¡y eso me mantiene animado cuando oro!

Nadie puede detenernos

Tal vez lo más emocionante acerca del cielo es que nadie puede evitar que vayamos allí, sólo podemos detenernos nosotros mismos. El cielo vale cualquier precio que paguemos en la tierra. Pablo escribió: *"Considero que en nada se comparan los sufrimientos actuales con la gloria que habrá de revelarse en nosotros"* (Romanos 8:18). Romanos 8:31-39 es una escritura para recordarnos las cosas increíbles que Dios nos promete:

"¿Qué diremos frente a esto?
Si Dios está de nuestra parte, ¿quién puede estar en contra nuestra? Él que no escatimó ni a su propio Hijo, sino que lo entregó por nosotros, ¿cómo no habrá de darnos generosamente, junto con él, todas las cosas? ¿Quién acusará a los que Dios ha escogido? Dios es el que justifica.
¿Quién condenará? Cristo Jesús es el que murió, e incluso resucitó y está a la derecha de Dios e intercede por nosotros.
¿Quién nos apartará del amor de Cristo?
¿La tribulación, o la angustia, la persecución, el hambre, la indigencia, el peligro, o la violencia? Así está escrito:
"Por tu causa siempre nos llevan a la muerte;
¡nos tratan como a ovejas para el matadero!"
Sin embargo, en todo esto somos más que vencedores por medio de aquel que nos amó. Pues estoy convencido de que ni la muerte ni la vida, ni los ángeles ni los demonios, ni lo presente ni lo por venir, ni los poderes, ni lo alto ni lo profundo, ni cosa alguna en toda la creación,

podrá apartarnos del amor que Dios nos ha manifestado en Cristo Jesús nuestro Señor" (Romanos 8:31-39).

Cuando leo esta escritura, ¡quiero salir corriendo por la puerta y cambiar al mundo! Quiero orar y cantar. Cuando oremos, recordemos que le estamos orando a nuestro Padre, quien ha preparado en el cielo una herencia para sus hijos e hijas (Romanos 8:17). Ha preparado un increíble cuarto de huéspedes sólo para nosotros. Ninguno de los problemas de esta vida puede impedirnos que lleguemos al cielo. ¡Así es que ora con gran alegría y fe al Dios que espera para llevarnos a casa, a la gloria!

HACIENDO INVENTARIO

1. *Piensa en algunas de las cosas de esta vida que te causan estrés. Ahora piensa en el hecho de que nada de esto existirá en el cielo.*

2. *Piensa de nuevo en lo que consideras los momentos más extraordinarios o más maravillosos de tu vida. Ahora, medita en el hecho de que el cielo será mucho mejor que todo eso.*

3. *¿Piensas en Dios primeramente como en alguien que no quiere otra cosa que bendecir tu vida? ¿Cómo puede esa idea afectar las decisiones que tomes y las oraciones que expreses?*

11

Conociendo a Dios por medio de su Palabra

"...y ésta es la vida eterna: que te
conozcan a ti, el único Dios verdadero,
y a Jesucristo, a quien tú has enviado."

Juan 17:3

A esta altura, oro para que tengas una mejor imagen de quién es Dios y cuán ansioso está de ser tu amigo. Si bien ayuda leer lo que alguien escribe acerca de Dios, es esencial que conozcas a Dios a través de tu propio estudio de la Biblia. La oración es efectiva cuando tenemos el corazón de Pablo, quien dijo: *"Lo he perdido todo a fin de conocer a Cristo, experimentar el poder que se manifestó en su resurrección"* (Filipenses 3:10).

Podemos llegar a conocer a Jesús, la Palabra viva de Dios (Juan 1:1), por medio de la Biblia, la Palabra escrita de Dios. Examinaremos este punto detalladamente más adelante, pero las escrituras nos enseñan cómo orar, por medio de los ejemplos de grandes oraciones que allí se registran. Veamos, por ejemplo, el corazón de David en sus oraciones en los Salmos, y veamos cómo Jesús oró en los Evangelios. Pero lo más importante es que por medio de las Escrituras llegamos a conocer a Dios y su corazón. Nos enamoramos de Jesús con las Escrituras. Y cuando de verdad estamos enamorados de Dios, nuestras oraciones son frescas y excitantes. En este capítulo, quiero compartir unas pocas ideas clave que me han ayudado a tener estudios de la Biblia inspiradores y refrescantes. Espero que estas sugerencias te ayuden en tu estudio de la Palabra de Dios, te motiven a conocer mejor a Dios y, por lo tanto, enriquezcan tu vida de oración.

El papel del Espíritu

Dios quiere que lo conozcamos y nos acerquemos a Él. Por esta razón nos dio al Consejero, al Espíritu Santo, para que viviera dentro de nosotros (Juan 14:16; Romanos 8:9-16), cumpliendo la promesa que Jesús hiciera a sus discípulos de que no los dejaría huérfanos (Juan 14:18). El Espíritu está allí para ayudarnos a hacer lo que queremos hacer, que es acercarnos más a Dios y a Jesús. Cuando leemos la Biblia y cuando oramos, el Espíritu de Dios que vive en nosotros entra en contacto con su presencia, y algo muy especial sucede. ¡Chispas espirituales invisibles vuelan mientras el Espíritu Santo en nosotros nos une a Dios Todopoderoso!

El Espíritu siempre está trabajando para ayudarnos a tener la mente de Cristo (1 Corintios 2:16), y es agraviado cuando pecamos (Efesios 4:30). El apóstol Pablo escribió que el Espíritu de Dios en nosotros nos permite gritar *"Abba, Padre"* y que *"el Espíritu mismo le asegura a nuestro espíritu que somos hijos de Dios"* (Romanos 8:15-16). Más adelante, en Romanos 8, Pablo también dice:

> "Así mismo, en nuestra debilidad el
> Espíritu acude a ayudarnos. No sabemos qué pedir,
> pero el Espíritu mismo intercede por nosotros con gemidos
> que no pueden expresarse con palabras" (Romanos 8:26).

La escritura nos ordena *"oren en el Espíritu Santo"* (Judas 20) y *"oren en el Espíritu Santo en todo momento"* (Efesios 6:18). ¿Qué quiere decir esto? Pienso que quiere decir que debemos tener oraciones espirituales, vivas y conscientes de Dios, y no simplemente decir palabras vacías o rituales. Nuestras oraciones son espirituales cuando están profundamente cimentadas en las Escrituras. Andrew Murray escribió con poder acerca de la oración. Observó que:

"La oración y la Palabra de Dios son inseparables y siempre deberían ir juntas. La oración es como el fuego. El fuego sólo puede arder con brillo si tiene un buen combustible. Ese combustible es la Palabra de Dios, que debe estudiarse con cuidado y en oración" [1].

---

[1] *Cox, Douglas Ed y Edward A. Elliot, Sr., eds.* The Best of Andrew Murray on Prayer *(Uhrichsville, Ohio: Barbour Publishing, Inc.)*

¿Vivo y activo?

Para muchos de nosotros, nuestro estudio bíblico es seco y vacío. Es sólo otro ritual en nuestra vida cristiana y hemos perdido la esperanza de tener tiempos con Dios vibrantes y de crecimiento. Quiero compartir con ustedes acerca de mi propio crecimiento en esta área, con la esperanza de que los ayude a transformar su propia relación con Dios.

Como joven cristiano, amaba la Palabra y en ocasiones leía la Biblia tres horas al día en mi búsqueda por conocer mejor a Dios. Recuerdo que en mayo de 1984, casi me leí la Biblia completa en un mes. Usé resaltadores para enfatizar diferentes temas en la Biblia, e hice notas en los márgenes. Tenía buena memoria, y podía recordar muchos versículos palabra por palabra. Pero a medida que comencé a tener más responsabilidades dentro del liderazgo de la Iglesia, mi estudio bíblico se enfocó mayormente en preparar lecciones y mucho menos en alimentar mi relación con Dios. Finalmente, en 1990 decidí leer toda la Biblia cada año, y esto me ayudó a comenzar a tener un mejor caminar con Dios.

A pesar de leer la Biblia anualmente, y orar a diario sin falta, todavía seguía sin leer mi Biblia a diario. Pasaban días durante los cuales mi único estudio bíblico lo hacía cuando enseñaba a otros o cuando preparaba clases para enseñar. A veces leía periódicos, revistas y libros, pero no la Biblia. Les enseñaba a los no creyentes que tenían que leer la Biblia todos los días, y me sentía culpable porque yo mismo no lo estaba haciendo. A menudo lo confesé sin realmente cambiar; en mi corazón me sentía justificado porque leía la Biblia durante el año (a veces, hasta dos veces al año), y me había aprendido muchas escrituras de memoria.

Finalmente, en febrero de 1998, en una conferencia de liderazgo en Los Ángeles, escuché a Kip McKean cuando hablaba de cómo debíamos amar la Palabra de Dios, y me di cuenta de que era hora de cambiar. Tomé la sencilla decisión de leer mi Biblia todos los días, al menos un capítulo, por el resto de mi vida. Me he mantenido fiel a esa decisión por los últimos dieciocho meses, y eso es muy animante. A principios de este año, leí el excelente libro de Sam Laing, *Be Still, My Soul,* y aprendí cómo él lleva un diario de tiempos con Dios. Así, hace seis meses me compré un cuaderno y cada día escribo al menos una reflexión sobre las Escrituras (a veces son muchas reflexiones). En los márgenes de mi Biblia había escrito muchas reflexiones durante los años, pero no lo había convertido en una disciplina diaria.

Por lo tanto, de mi propia experiencia, déjame darte cinco pasos de disciplina para tener un gran tiempo de estudio de la Biblia, y luego el ABCD para un gran estudio de la Biblia.

Cinco pasos de disciplina

Marca tu Biblia. Usa resaltadores; escribe en los márgenes. Cada color podría representar un tema diferente. Por ejemplo, el azul puede enfatizar las cualidades de Dios; el amarillo puede resaltar los pasajes acerca del amor; el verde los de pecado y rectitud; el rosado puede ser para la oración y tener fe; el morado para alegría; el naranja para lo referente a evangelización y disciplina; y el rojo para el mundo espiritual (Satanás, ángeles, demonios, el Espíritu Santo). Podrías encerrar en un círculo cada referencia acerca de Dios o Jesús o del Espíritu Santo. Es claro que algunos de los primeros cristianos, que fueron lo suficientemente afortunados para tener Biblias, escribieron comentarios en los márgenes y, años más tarde, los transcriptores tomaron erróneamente algunos de sus comentarios como parte original del texto. (Los estudiosos pueden identificar fácilmente estas variantes, por eso el texto que tenemos es puro).

Lee toda la Biblia cada año. El estudio enfocado en libros individuales y en pasajes específicos es bueno, pero resulta importante que tengamos una imagen amplia de la revelación de Dios profundamente grabada en nuestro corazón. Puede ayudar la lectura de una traducción diferente cada año, para mantener las cosas frescas e interesantes.

Lee la Biblia todos los días. Citando la Escritura, el mismo Jesús dijo: *"No sólo de pan vive el hombre, sino de toda palabra que sale de la boca de Dios"* (Mateo 4:4). En los tiempos del Antiguo Testamento, la ley exigía que los reyes de Israel copiaran toda la ley y la leyeran todos los días de su vida (Deuteronomio 17:18-20). Los futuros discípulos de Berea fueron considerados como nobles porque examinaban las Escrituras cada día (Hechos 17:10-12). Haciéndolo así, ¡las Escrituras también tienen la oportunidad de examinarnos a nosotros cada día!

Memoriza versículos clave. Pegadas del espaldar de nuestra cama hay muchas notas en papel autoadhesivo, cada una con un versículo diferente que mi esposa Nadine está memorizando. Cuando memorizamos versículos de la Biblia, es fácil citarlos a Dios en oración, y eso nos mantiene buscando la rectitud: *"En mi corazón atesoro tus dichos para no pecar contra ti"* (Salmo 119:11). Proverbios 22:17-19 nos aconseja que tengamos los Proverbios listos, en la punta de la lengua, para que nuestra confianza pueda estar en el Señor.

Lleva un diario para que escribas tus reflexiones cada día. Esto te ayudará a que siempre estés fresco en tus estudios bíblicos.

El ABCD

Una vez que has comenzado a leer las Escrituras consistentemente, puedes aplicar unos cuantos principios que he encontrado muy útiles.

Haz preguntas acerca del texto. ¿Quién? ¿Por qué? ¿Qué pasó? ¿Cuándo? ¿Dónde? ¿Cómo?

Convéncete. ¿Qué puedo cambiar? ¿Qué puedo aprender de aquí? ¿Hay ejemplos que sean buenos/malos?

Compara el texto con pasajes relacionados. Usa una concordancia. En el Antiguo Testamento, los profetas pueden relacionarse con los libros históricos (Josué, Jueces, Ruth, 1 y 2 Samuel, 1 y 2 Reyes, 1 y 2 Crónicas, Esdras y Nehemías). En el Nuevo Testamento, las cartas pueden usarse como referencias cruzadas entre ellas y con el libro de Hechos. Los Evangelios se pueden comparar entre ellos. El Apocalipsis está relacionado con libros del Antiguo Testamento como el de Daniel, Zacarías y Ezequiel.

Visualiza el texto en tu mente. Lee con cuidado e imagínate lo que lees.

Un ejemplo

Leamos un pasaje usando este enfoque. Leamos Marcos 6:32-44, que es la historia de cuando Jesús alimentó a cinco mil hombres.

A. *Haz preguntas acerca del texto*

1. ¿Quién? Jesús y sus discípulos, y muchas personas.

2. ¿Cómo? ¿Cómo llegaron a Jesús? Corrieron (v. 33).

3. ¿Qué? Alimentaron a las personas (v. 44; deben haber sido unas 10.000 o 15.000 personas, ¡incluyendo mujeres y niños!).

4. ¿Por qué? Tenían que viajar muy lejos para conseguir comida, así es que Jesús hizo un milagro (v. 35).

5. ¿Cuándo? Esto sucedió después de la muerte de Juan El Bautista, en un momento cuando Jesús podría haber estado desanimado. Sin embargo, seguía dando de sí mismo.

6. ¿Dónde? Estaban cerca del agua, pero en un lugar remoto (v. 35).

B. *Convéncete*

a. Jesús era tan inspirante y tan generoso que las personas corrían a verlo (v. 35). ¿Soy de la misma forma? ¿Quieren las personas estar conmigo?

b. Jesús no se sentía tenso con las multitudes (v.34). Tuvo compasión de ellos a pesar de que Juan El Bautista acababa de morir. ¡Una buena lección para mí!

c. Los discípulos fueron muy tacaños para comprar comida para estas personas (vv. 35-37). ¿Soy así? De hecho, a veces me preocupo más por el dinero que por las personas. Necesito cambiar.

d. Jesús delegó el trabajo en sus discípulos (v. 39). ¿Estoy haciendo todo el trabajo yo solo? ¿Estoy delegando demasiado?

e. Jesús no guardó nada de pescado para sí mismo (v.41), ¡lo compartió con todos! ¿Soy egoísta con la comida u otras cosas? ¿Pienso primero en los demás?

f. Jesús oró por los alimentos (v. 41). ¿Le doy gracias a Dios por lo que tengo?

g. Todos recogieron después de comer; nada de desperdicio ni de suciedad (v. 43). Aquí podemos ver que Jesús fue generoso en la cantidad de comida que proveyó (¡suficiente para que sobrara!) y que no era desordenado ni derrochador. Cuando vienen invitados a mi casa, ¿soy generoso? ¿Tengo mi casa arreglada?

C. *Compara pasajes relacionados*

Mateo 14:31-22

1. Probablemente fue allá para llorar la muerte de Juan (v. 13).

2. No sólo enseñó, también sanó (v. 14).

3. En el versículo 19 dice que Jesús les dijo a las personas que se sentaran en la hierba. Pero en Marcos 6:39 leemos que fueron los discípulos los que hicieron que la gente se sentara. Por medio de esta escritura podemos ver que a veces Jesús daba instrucciones a la gente por conducto de sus discípulos. ¡La Palabra de Jesús nos puede llegar por medio de otro discípulo!

Lucas 9:10-17

1. Los discípulos también notaron que las personas necesitaban encontrar dónde quedarse (v. 12); esto no se menciona en Marcos.

2. Jesús específicamente pidió a los discípulos que organizaran a la gente en grupos de cincuenta y que les dijeran que se sentaran (v. 14); en Marcos dice que se sentaron en grupos de cien y cincuenta, pero no se ve claramente si éstas eran las intenciones o planes de Jesús.

3. Todo el mundo se sentó (v. 15). Se hizo pacíficamente. ¡Todos obedecieron!

Juan 6:1-13

1. La razón por la que las multitudes lo siguieron fue porque vieron los milagros que Jesús estaba haciendo (v. 2).

2. Estaban sentados en una montaña (v. 3).

3. Era cerca de la festividad de Pascua judía (v. 4).

4. Pudieron ver la multitud que se les acercaba (v. 5).

5. En ese momento, Jesús estaba probando y enseñando a Felipe (vv. 5-6). Este versículo dice que la idea de alimentar a las personas vino primero de Jesús, y que a los discípulos les faltó fe para responder a la pregunta. En Marcos 6:35-36 sólo vemos la falta de fe de los discípulos, sin las preguntas de Jesús a Felipe.

6. Felipe se dio cuenta de que el salario de ocho meses no era suficiente para alimentar a tantas personas (v. 7).

7. Andrés encontró a un muchacho con fe y comida (vv. 8-9).

8. Había *"mucha hierba"* en ese lugar (v. 10).

9. Todos comieron cuanto quisieron (v. 11).

10. Jesús dijo: *"que nada se desperdicie"* (v. 12).

11. Los panes estaban hechos de cebada.

D. **Imagina cómo fue**

Si cierras los ojos, te puedes imaginar un lugar en las montañas, lejos (Marcos 6:35, Juan 6:3). Había mucha hierba verde y hermosa (Marcos 6:39, Juan 6:10). Era primavera, así es que no debía hacer mucho calor (cerca de la Fiesta de Pascua, Juan 6:4). Estaban cerca del mar de Galilea, así que a lo mejor soplaba una brisa fresca (Marcos 6:32, Juan 6:1). Tal vez estaban cansados de todo lo que habían enseñado y sanado ese día (Marcos 6:31, 34). De repente pudieron ver que una gran multitud se acercaba, subiendo la montaña (Juan 6:5). La reacción inmediata de Jesús fue recibirlos y ver cómo podía ayudarlos (Juan 6:5); la reacción de los discípulos fue la de decirles que se fueran (Marcos 6:35-36). Tuvo una gran conversación con Felipe y los otros hermanos (Juan 6:6-8, Marcos 6:35-38). Por medio de un pequeño niño, Jesús organizó algo para alimentarlos a todos (Juan 6:9). Hizo que los discípulos los sentaran, pacíficamente (Marcos 6:39-40). Comieron hasta quedar satisfechos (Juan 6:11). Luego los discípulos recogieron todas las piezas que sobraron (Juan 6:12).

Este método para estudiar la Biblia, unido a los consejos prácticos mencionados anteriormente, me han ayudado a tener un caminar con Dios emocionante y fresco. Dios quiere que lo conozcamos y lo amemos con todo nuestro corazón. A medida que aprendemos a orar en el Espíritu, según su voluntad, nuestros corazones se llenarán de alegría, y estaremos mucho mejor preparados para enfrentar los retos que nos esperan en este mundo, principalmente el reto de tocar a otras personas con su amor. No estamos en la tierra para simplemente disfrutar de nuestras vidas, sino para conocer a Dios y ayudar a otros a conocer a Dios. Debemos aprender a convertirnos en guerreros de la oración, hombres y mujeres que hacemos temblar al mundo por nuestro caminar con Dios.

Nuestro Dios es un Dios que puede ser movido por las oraciones de los hombres. Está deseoso de cambiar de opinión si nuestras peticiones son lo suficientemente serias. Está deseoso de volverse y tener compasión (Joel 2:13-14). Cuando una nación se arrepiente, Dios está deseoso de retrasar y advertir del desastre (Jeremías 18:8). Cuando Moisés se paró en la brecha entre Dios y los israelitas, orando, Dios lo escuchó y retrasó su destrucción (Deuteronomio 9:19, Éxodo 32:11-14, Salmo 106:23). Dios alejó su ira contra Nínive cuando el pueblo se arrepintió y oró (Jonás 3:6-10). Jesús se vio movido a hacer milagros cuando vio la fe de personas como la viuda de Naín (Lucas 7), la mujer canaanita (Mateo 15) y María y Marta (Juan 11). Pasar tiempo estudiando las escrituras, conociendo a Dios como Él se revela en ellas, producirá gran fe en nosotros.

En la primera mitad de este libro, deliberadamente me he tomado el tiempo para ayudarte a enfocarte en Dios. Estoy convencido de que la oración sólo puede ser poderosa cuando sabemos claramente quién es Dios y creemos que Él es el Dios que recorre los campos por nosotros, se arrastra de rodillas por nosotros, y hace muchas otras cosas para mostrarnos que somos un tesoro para Él. Una vez que veamos a Dios claramente, y construyamos una gran amistad con Él, la oración se convertirá en algo muy natural.

Ahora estamos listos para movernos hacia puntos más específicos de la oración. Exploraremos qué motiva el corazón de Dios y cómo podemos tener oraciones de impacto.

HACIENDO INVENTARIO

1. *¿Es tu estudio bíblico fresco y excitante? ¿Cuál de las disciplinas de estudio bíblico mencionadas en este capítulo te ayuda específicamente?*

2. *¿Usas las Escrituras para aconsejar y animar a otras personas, o sólo utilizas muchas palabras y opiniones?*

3. *Toma un pasaje de una escritura y usa el método del ABCD para estudiarlo en tu tiempo con Dios.*

PARTE II

oraciones de
IMPACTO

12

Oración íntima

"De entre ellos surgirá su líder;
uno de ellos será su gobernante.
Lo acercaré hacia mí, y él estará a mi lado,
pues ¿quién arriesgaría su vida por acercarse a mí?
–afirma el Señor–."

Jeremías 30:21

Dios busca a personas que se dediquen a estar cerca de Él. En otras palabras, Él quiere que seamos sus amigos. Este tipo de relación amorosa mueve el corazón de Dios. Algunos de los grandes hombres de la Biblia fueron descritos como amigos de Dios, hombres que amaron a Dios con todo su corazón.

Amigos de Dios

Tomemos a Enoc como ejemplo, quien caminó con Dios durante trescientos años, y después fue llevado por Él (Génesis 5:22-24). Noé también caminó con Dios (Génesis 6:9). Éxodo 33:11 dice:

"Y hablaba el Señor con Moisés cara a cara,
como quien habla con un amigo. Después de eso, Moisés
regresaba al campamento; pero Josué, su joven asistente,
nunca se apartaba de la Tienda de reunión".

Josafat y Santiago, y Dios mismo (Isaías 41:8), se refieren a Abraham como amigo de Dios (2 Crónicas 20:7, Santiago 2:23). Daniel 9 contiene una magnífica oración íntima con Dios, la oración de un amigo. En Daniel 10:12, un ángel le dijo a Daniel:

"No tengas miedo, Daniel. Tu petición fue escuchada
desde el primer día en que te propusiste ganar entendimiento
y humillarte ante Dios. En respuesta a ella estoy aquí".

Dios escuchó a Daniel desde el primer día que oró porque ¡Daniel era amigo de Dios!

En 1 Reyes 8:59, Salomón terminó su magnífica oración pidiéndole a Dios: *"Y que día y noche el Señor tenga presente todo lo que le he suplicado, para que defienda la causa de este siervo suyo y la de su pueblo de Israel, según la necesidad de cada día".*

Dios escuchó su oración y le contestó (1 Reyes 9:3). El corazón de Dios se mueve cuando escucha las oraciones de sus amigos.

Devoción que se siente en el corazón

No hace mucho entendí más profundamente el deseo de Dios de que tengamos una amistad con Él. Mi hijo de siete años, Lucas, y yo caminábamos hacia McDonald´s para pasar un tiempo juntos. Habíamos orado juntos y, de repente, se volteó, me miró y me dijo: "Te amo, papá". Cuando nació, yo dije: "Este es mi Hijo amado; estoy muy complacido con él", citando a Mateo 17:5. Pero ahora entiendo cómo se sintió Dios cuando le dijo eso a Jesús; estaba tan feliz de recibir el amor espontáneo de su Hijo. Esas tres palabras de mi hijo son todo lo que siempre había querido. Me hicieron sentir extremadamente feliz. Es un hecho que estos sentimientos vienen de Dios y son el reflejo de lo que Él siente cuando lo amamos profundamente.

El libro de Nehemías es un recuento magnífico de la amistad íntima de un hombre con Dios. En Nehemías 1:4-11 vemos un amor profundo en la amistad entre Dios y Nehemías. En el versículo 5 se refiere al "pacto de amor" de Dios y su relación "con los que lo aman". En los versículos 6-7 dijo, "confieso" –una confesión personal de los pecados–. En los versículos 8-10 razona con Dios, recordándole sus promesas en el pasado. En el versículo 11 pide a Dios.

Devoción continua

La oración de Nehemías fue la de un amigo íntimo de Dios. Seguramente Nehemías siguió orando los siguientes días, semanas y meses. Unos cuatro meses después, Dios le dio la oportunidad de hablar con el rey. En Nehemías 2:1-8 vemos que el rey habló con Nehemías y le preguntó por qué estaba tan triste (vv. 2-3). Nehemías supo que ésta era su oportunidad. Así es que rápidamente oró a Dios una vez más (v. 4) y con valentía le habló al rey de sus problemas. Milagrosamente, el rey le permitió ir (v. 6) y hasta le dio cartas para facilitarle las cosas (v. 8). Dios escuchó las oraciones de Nehemías porque era su amigo íntimo; él amaba a Dios y eso movió el corazón de Dios.

En Nehemías 2:18, cuando se reunió con la gente de Jerusalén, los retó a reconstruir las murallas, pero también les contó *"...cómo la bondadosa mano de Dios había estado conmigo..."*. Nehemías quería que los oficiales supieran que Dios, su amigo, los ayudaría. Voy a ser un poco detallista en este punto, pero por favor, síganme. Hay algo muy importante que debemos ver. En Nehemías 4, tuvo que hacer frente a la oposición contra su trabajo. El versículo 4 registra su oración espontánea: *"Escucha, Dios nuestro, cómo se burlan de nosotros"*. Cuando tuvieron que hacer frente a más problemas en el versículo 9, el pueblo y él oraron y montaron guardia. En Nehemías 4:14, inspiró al pueblo diciendo, *"¡No les tengan miedo! Acuérdense del Señor, que es grande y temible, y peleen por sus hermanos, por sus hijos e hijas, y por sus esposas y sus hogares"*. Hasta sus enemigos sabían que Dios estaba con él (Nehemías 4:15). En Nehemías 4:20, de nuevo prometió, *"¡Nuestro Dios peleará por nosotros!"*. Una vez más, en Nehemías 5:19, estalló en una oración espontánea diciendo: *"¡Recuerda, Dios mío, todo lo que he hecho por este pueblo, y favoréceme!"*. Nehemías 6:9 y 6:14 registran oraciones íntimas y espontáneas similares, al igual que Nehemías 13:14, 13:22, 13:29, y el último versículo del libro en Nehemías 13:31b.

La relación de Nehemías con Dios lo motivó a hacer lo que era correcto. Pudo haber disfrutado de privilegios especiales como gobernador de Judea, pero rechazó los privilegios diciendo: *"En cambio yo, por temor a Dios, no hice eso"* (Nehemías 5:15).

La íntima amistad que Nehemías tenía con Dios tuvo un impacto profundo en otras personas, tanto entre los que estaban en el Reino de Dios como en los que estaban fuera. Nehemías 9 registra la oración de los levitas entrenados por Nehemías. Alabaron a Dios (vv. 5-6) recordando lo que Él había hecho (vv. 7-31), le pidieron ayuda (v. 32), confesaron sus pecados (vv. 33-37), y le dijeron a Dios cómo se sentían: *"¡Grande es nuestra aflicción!"* (Nehemías 9:37). En el capítulo 12 leemos cómo los levitas, bajo la dirección de Nehemías, dedicaron la muralla con dos grandes coros, dando gracias a Dios. Nehemías 12:43 dice: *"Era tal el regocijo de Jerusalén que se oía desde lejos".* El capítulo 14 registra cómo Nehemías lidió con el pecado hablando de Salomón a quien Dios *"...amó y lo hizo rey sobre todo Israel. Pero aun a él lo hicieron pecar las mujeres extranjeras"* (Nehemías 13:26).

Nehemías obviamente estaba triste porque a pesar de que Dios amaba a Salomón, Salomón había perdido su amistad con Dios por todos sus matrimonios con mujeres extranjeras, y él no quería que su pueblo cometiera el mismo error. Al final, gracias a su amistad con Dios, Nehemías pudo levantar en 52 días las murallas de Jerusalén, las cuales habían estado en ruinas cerca de 150 años (Nehemías 6:15). Los enemigos del pueblo de Dios se desanimaron porque sabían que este trabajo se había hecho con la ayuda de Dios. ¡Las oraciones íntimas de un hombre habían tenido un impacto inmenso en el cielo y en la tierra!

Estar en intimidad con Dios nos ayuda a estar más cerca de los hermanos. Cuando estamos motivados a estar cerca de Dios, rápidamente resolvemos los conflictos (Mateo 5:23-26). Cuando Dios es nuestro amigo, le hablamos acerca de nuestros amigos en la tierra. En 1 Tesalonicenses 3:9-10, Pablo escribió:

"¿Cómo podemos agradecer bastante a nuestro Dios por ustedes y por toda la alegría que nos han proporcionado delante de él? Día y noche le suplicamos que nos permita verlos de nuevo para suplir lo que le falta a su fe".

Los devocionales que Pablo tenía con Dios estaban llenos de alegría por sus hermanos y hermanas de Tesalónica. ¡Esto debe haberlos animado mucho cuando lo oyeron!

En Filipenses 1:4 le dijo a la iglesia cuánto oraba siempre por sus miembros con alegría, y en Filipenses 1:8 les dijo: *"Dios es testigo de cuánto los quiero a todos con el entrañable amor de Cristo Jesús".* ¡Imagínense cómo se sintieron cuando oyeron esto! Cuánto nos anima que alguien en la congregación diga: "¡He estado orando por ti!". Pablo les pidió a sus discípulos en Roma, *"Les ruego, hermanos, por nuestro Señor Jesucristo y por el amor del Espíritu, que se unan conmigo en esta lucha y que oren a Dios por mí"* (Romanos 15:30). Su intimidad con Dios lo acercaba a otras personas.

¿Cómo está tu amor por Dios actualmente? ¿Es íntimo? ¿Tomas tiempo para orar? En Lucas 5:15-17 observamos que Jesús a menudo se retiraba para estar con Dios y que el poder de Dios estaba presente en él para sanar a los enfermos (v. 17). El poder de Dios está presente cuando nos comunicamos con Él como amigos.

Ayudar a los caídos

Personalmente, cada día salgo a orar, a caminar y a hablar con mi amigo Dios. Lo alabo, le planteo mis problemas, mis sueños y metas espirituales. Trato de vivir el Salmo 42:2 mientras oro: *"Tengo sed de Dios, del Dios de la vida. ¿Cuándo podré presentarme ante Dios?"*. Si puedo "robar" tiempo extra para orar, o para susurrar rápidamente una oración, lo hago; trato de hacerlo. Necesito a Dios. Y Dios sigue bendiciéndonos a mi esposa y a mí. Sigue trayéndonos personas que quieren cambiar su vida. En los tres años y medio que tenemos desde que llegamos a Londres, ha hecho muchos milagros. Antes de llegar, habíamos orado porque Dios nos llevara a gente que lo había abandonado. Les preguntamos a nuestros amigos por las personas que habíamos conocido y que habían abandonado a Dios; una de ellas era Freddie. Los discípulos lo habían contactado anteriormente, pero no estaba interesado en volver. Un día, cuando íbamos en el auto, Nadine creyó verlo caminando en la calle. Paramos y lo buscamos, y esa misma noche vino a la iglesia. Unas semanas después, Freddie fue restaurado.

Meses después, le pedimos a Dios que nos diera un fruto evangelístico pues entrábamos en un nuevo año. Para la primera reunión de internos del año, nuestros amigos Fred y Emma Scott fueron los oradores invitados. Normalmente dejamos el auto en un estacionamiento cercano, pero, por primera vez, ese día lo estacionamos en la calle, cerca de un parquímetro. Fred se dirigió a la audiencia y durante la clase salí a poner monedas en el parquímetro. Cuando volví, una joven maestra trataba de entrar por la puerta de la oficina de la iglesia para ir a la oficina que estaba arriba de la nuestra. Hablé con ella y se la presenté a mi esposa. Acababa de llegar a Londres y estaba buscando una iglesia. Unas semanas más tarde, Miandrea Steenekamp (ahora casada con Cameron Williams) se bautizó. Hoy en día, ella y su esposo están muy bien y tal vez en el futuro estén sirviendo al Señor como personal de la iglesia.

A medida que el año llegaba a su fin oré porque más personas conocidas volvieran a Cristo. El Señor puso en mi corazón que buscara números telefónicos de personas en un directorio de diez años de antigüedad. Allí estaba el teléfono de la oficina de una señora en quien pensábamos con frecuencia, que había sido una gran cristiana, pero que hacía mucho tiempo se había alejado de Dios. Marqué el número de su trabajo ¡y todavía trabajaba allí! Estaba tan contenta de escuchar de nosotros. Unos meses más tarde fue restaurada en Cristo. Pocos meses después de esto, Brenda fue transferida a un nuevo trabajo. ¡Dios la mantuvo en ese trabajo tantos años sólo para que ella tuviera la oportunidad de volver a Él!

Un día, no mucho después de este hecho, fui a almorzar a Burger King. Como es mi costumbre, invité a las personas que nos estaban atendiendo. La mujer que nos atendió era Anita Demarie. Ella era muy amigable. Las hermanas le hicieron un seguimiento y construyeron una amistad con ella; a pesar de que no pudo venir a ninguna de las reuniones, Anita fue bautizada en Cristo en marzo. Si bien se cayó de la fe poco después, ahora está en proceso de regresar al Señor. Ese mismo mes salí y oré por conocer a alguien ese día y porque ese alguien se hiciera cristiano. Cuando caminábamos por la calle, mi amigo Jeff y yo paramos a un hombre que iba en bicicleta, y él y su esposa se hicieron discípulos poco después.

Ese verano, mi esposa Nadine viajó en tren a Manchester. Había escuchado de otros hermanos que compartían su fe en los trenes entre ciudades, conociendo personas que estaban interesadas en Dios. Así que oró a Dios para que la llevara a alguien que lo estuviera buscando. En el tren, se sentó cerca de una señora, la doctora Marelize Vorster. Nadine invitó a Marelize, quien estaba muy interesada. Independientemente, las hermanas de Manchester también habían invitado a Marelize. Unas semanas más tarde, también fue bautizada en Cristo. Ahora lidera el ministerio de adolescentes en la Iglesia de Cristo en Londres.

Correr la carrera

En 1988 planeé correr en el maratón de Londres. Había orado

constantemente para que Dios me ayudara a terminar, pero no le pedí que usara la carrera para que alguien se acercara a Él. El día antes del maratón estaba orando y me di cuenta de mi falta de fe. Le pedí perdón a Dios y le pedí que me ayudara a conocer a alguien que quisiera ser un discípulo. El día antes del maratón fui a la boda de Cameron y Miandrea. Cerca de donde se realizaba la boda pasó un hombre que llevaba una camisa del maratón, así que lo invité a la iglesia. Me dio su número de teléfono, dijo que le gustaría ir algún día, pero nunca lo hizo. Sabía que Dios me bendeciría si seguía orando y creyendo que Él es mi amigo; sabía que no me iba a abandonar. El día de la carrera hablé con una cantidad de personas y estaba completamente agotado cuando hablé con el último de camino a casa. En el autobús, un hombre notó que había corrido en el maratón y comenzó a hablar conmigo. Su nombre era Gary Clark, y estaba estudiando para ser abogado. Después de muchas oraciones y muchas llamadas telefónicas, finalmente vino a la iglesia. Nunca dejé de insistir en él, porque estaba seguro de que Dios había contestado mi oración, y él fue el único que no rechazó el evangelio. Finalmente, después de siete meses, Gary se bautizó en Cristo. Ya terminó la escuela de leyes y le va muy bien como discípulo.

Las oraciones de un niño

Un día de primavera, Nadine fue al parque con los niños. Vio a una mujer joven al otro lado del parque y el Espíritu Santo la impulsó a invitarla. La mujer, Lisa, era muy amigable y vino a la iglesia. Pero después de unas semanas dejó de hacerlo, a pesar de que, como familia, habíamos orado por ella con frecuencia. Nuestro hijo Lucas siguió orando por ella mucho después de que nosotros habíamos dejado de hacerlo y de que ella dejara de asistir a la iglesia. Un año más tarde ella volvió a la iglesia y ¡se bautizó en Cristo!

Una respuesta inesperada

Un año antes de que escribiera este libro, estaba dando todo mi corazón tratando de ayudar a que un cristiano débil se mantuviera firme en la fe. Estaba sentado en la cafetería de la Universidad de

Londres hablando muy fuerte. Un hombre nos escuchó y preguntó: "¿Puedo unirme a ustedes?". Mi amigo terminó cayéndose de la fe, pero este hombre vino a mi casa, estudió la Biblia y comenzó a venir a la iglesia. Ahora, John Pérez es un discípulo y un futuro interno en la iglesia de Londres. Su compañero de cuarto en aquel entonces era Martín, y también tuve la oportunidad de invitarlo. Después de visitar la iglesia de Londres, ahora está de vuelta en los Estados Unidos, asistiendo a la iglesia en Denver. Está estudiando la Biblia con los hermanos de allá. Unos pocos meses después, estábamos orando y compartiendo nuestra fe, invitando para la Conferencia de Hombres en Londres. Oré para que Dios nos llevara a alguien abierto a Jesús ese día. Conocimos a una madre y a su hijo adolescente. Al día siguiente, mi hija Hannah y yo los visitamos en su casa. Allí conocimos a su hija quien se bautizó recientemente.

Una victoria familiar

Mi esposa tuvo una relación problemática con su padre cuando estaba creciendo. Desde el día que se bautizó, Nadine oró cada día para que sus padres se salvaran. Un año después de hacerse cristiana, en enero de 1985, se bautizó su mamá, Ana Descotes. Año y medio después se bautizó su hermano Frank. Ahora él y su esposa Fabianne lideran la Iglesia de Cristo en París. El padre de ambos, Gerard, no estaba muy abierto al evangelio, pero Nadine siguió orando. Gerard tuvo que hacer frente a muchos retos en su vida, pero aún no se arrepentía. Todos seguimos orando. Perdió su trabajo. Oramos. Se le diagnosticó cáncer. Oramos por su salvación y porque sanara. Después de dieciséis largos años, Frank y yo bautizamos en Cristo a Gerard Descotes en París. ¡Dios escucha las oraciones de sus amigos íntimos!

Finalmente, semanas antes de que escribiera este capítulo, iba en camino a pasar una temporada corta en los Estados Unidos. La iglesia estaba celebrando un mes en el que todos estábamos orando para que todas las personas que conocemos fueran salvadas. En el aeropuerto, la dama que me hizo las preguntas de seguridad era muy amigable. Así que le pregunté acerca de su vida y acerca de su relación con Dios. La puse en contacto con algunas hermanas. Días más tarde tuvimos una reunión de líderes. Mostré la lista de amigos por quienes estaba orando y anuncié que por fe Dios ayudaría al menos a uno de ellos a hacerse cristiano pronto. Oré por todos ellos. Oré por Leoni cada día. Y ocho semanas más tarde, a finales de octubre, Leoni Cortez se hizo cristiana. Dios no la salvó porque yo sea un buen individuo, o porque ella sea una buena mujer. Él la salvó por su gracia. Pero creo que Dios es mi amigo, y que yo soy su amigo, y que Él escucha mis oraciones.

La oración de una madre

Hace varios años, Michelle Matthews se bautizó en Cristo y comenzó una nueva vida siguiendo a Jesús. Sin embargo, lo que pasó después fue terrible. Al día siguiente de su bautismo fue a un gran servicio de la Iglesia de Cristo en Londres. En la congregación, alguien le dijo que la dejara cargar a su hijo de nueve meses, Nathan. Michelle no sabía quién era la persona, pero pensó que era una cristiana de otro sector geográfico de la iglesia. No queriendo parecer poco amigable, ahora que era una discípula, le pasó el niño a la mujer para que lo cargara. Durante las ocupadas horas de servicio, la mujer salió del edificio llevándose al pequeño Nathan con ella. Entre la multitud, le tomó a Michelle unos minutos darse cuenta de que la mujer y el niño no estaban por allí. Les pidió a algunas hermanas de su sector que la ayudaran a buscar dentro del Teatro Apolo, y después se anunció que su bebé había desaparecido. Cientos de nosotros nos unimos en una ferviente oración a Dios. Luego llamamos a la policía y ellos notificaron a la Oficina de Transporte Público de Londres, y a la policía local para que buscaran a una mujer y a un niño. Michelle esperó en la estación de policía, y oró mientras esperaba. Mientras Michelle oraba, Dios estaba trabajando. Poco después de que se informara a los conductores de autobuses y trenes de Londres, Nathan y la mujer abordaron un autobús a varias millas de distancia. El conductor se dio cuenta de que la mujer era blanca y el bebé era de color y estaba llorando. El conductor llamó a su estación principal y ellos alertaron a la policía, y atraparon a la mujer en el autobús. Más tarde, después de cinco horas de oración desesperada, Michelle se reunió con su bebé. Tres años más tarde, ambos están bien; Michelle es una discípula fuerte y fiel que ha llevado a otras personas al Señor. Lidera un grupo de mujeres y supervisa el Sector Este del Ministerio de Madres Solteras de la Iglesia de Cristo en Londres. ¡Michelle sabe lo que es tener una relación íntima con Dios! Ella recuerda que:

"Estar en la estación de policía, esperando noticias de mi hijo, fue el momento más intenso de mi vida. Recuerdo estar orando a Dios fervientemente para que me devolviera a Nathan. Recuerdo haber pensado que tal vez no lo vería más, especialmente cuando los minutos se volvieron horas, y que Dios tal vez me estaba enseñando, como cristiana de un solo día en la fe, que Él tenía que ser suficiente para mí. Eventualmente le oré a Dios y le pedí que me ayudara a entregarme completamente a su voluntad, y que si no llegaba a ver a mi bebé con vida otra vez, todavía seguiría siendo una cristiana fiel y nunca me alejaría de Él. Me tomó largo rato llegar al punto cuando de verdad me convencí de lo que estaba orando, de hecho, me tomó cinco horas. Pero inmediatamente después de llegar a sentir que me había entregado completamente a Dios, un oficial de la policía me dio la noticia de que habían encontrado a mi hijo. Desde entonces, cada vez que lucho con mi fe, me acuerdo de ese momento y renuevo mi compromiso con Dios. Ese momento tan bajo en mi vida como cristiana se ha convertido en el punto de referencia más fuerte de mi vida espiritual."

Estoy seguro de que Dios estuvo complacido con el corazón honesto de Michelle durante sus oraciones, y también con su espíritu de entrega. Fue íntima con Dios. Se alegró en el Señor y Él cumplió el deseo de su corazón (Salmo 37:4).

Amistad y sacrificio

Todos tenemos amigos cercanos. Por nuestros amigos íntimos, todos estaríamos dispuestos a hacer sacrificios, dejarlo todo por ayudarlos. No soy ninguna persona excelente, pero siento cómo Dios lo deja todo para ayudarme. Me gusta pensar que lo hace porque es mi amigo. ¡Seamos íntimos en nuestras oraciones y veamos milagros como nunca antes!

HACIENDO INVENTARIO

1. *¿Qué buenas razones tienes para pensar que Dios es tu amigo íntimo?*
2. *¿Cómo puede cambiar tu forma de orar el pensar de esta manera?*
3. *¿De qué forma han afectado tu fe las historias sobre oraciones respondidas presentadas en este capítulo?*

13

Oración poderosa

"Ciertamente les aseguro que el que cree en mí,
las obras que yo hago también él las hará,
y aun las hará mayores, porque yo vuelvo al Padre.
Cualquier cosa que ustedes pidan en mi nombre,
yo la haré; así será glorificado el Padre en el Hijo.
Lo que pidan en mi nombre, yo lo haré."

Juan 14:12-14

En esta escritura, Jesús comienza explicando que sus seguidores harán lo que él había estado haciendo. Vivirán para traerle gloria a Dios y reconciliar a los hombres con su Padre en el cielo. Prometió que los que tienen fe en él podrán hacer cosas mucho más grandes que las que él hizo por medio del poder de la oración. Nuestro Dios poderoso quiere que pasen cosas poderosas en la tierra –especialmente en su iglesia– a medida que hacemos lo que Jesús hizo.

En su famoso libro sobre la oración, William Law escribió que la oración es una herramienta "no para que la voluntad del hombre se haga en el cielo", sino "para que la voluntad de Dios se haga en la tierra"[1]. William Carey, misionero británico del siglo XIX, dijo: "Traten de hacer grandes cosas para Dios; esperen grandes cosas de Dios". En el Salmo 81:10, Dios dice:*"Yo soy el Señor tu Dios, que te sacó de la tierra de Egipto. Abre bien la boca, y te la llenaré".* En otras palabras, mientras más esperamos, ¡más nos dará! Como dijo el gran predicador Charles Spurgeon: "Puedes esperar grandes cosas de quien hizo los cielos y la tierra. Levanta tu mirada hacia las estrellas y ve cómo el Señor las desparrama a puñados; y recuerda que todas las estrellas que son visibles para

---

[1] William Law, The Spirit of Prayer and the Spirit of Love, ed. Sidney Spencer (Canterbury: Clarke, 1969), pág. 120.

ti son sólo el polvo que se ha barrido de la gran casa de Dios"[2]. Dios sabe lo que necesitamos antes de que se lo pidamos (Mateo 6:8). En Isaías 65:24 Dios nos promete, *"Antes que me llamen, yo les responderé; todavía estarán hablando cuando ya los habré escuchado".* Incluso antes de que oremos, ¡Dios ya está preparado para contestarnos! En Marcos 11:23-24 Jesús nos promete que quien cree y ora puede mover montañas.

Es tiempo de que tengamos una fe poderosa y oremos con poder para esperar cosas poderosas de nuestro poderoso Dios.

Trabajo poderoso

Las oraciones poderosas implican un trabajo poderoso. En Josué 10:1-14, los gabaonitas estaban bajo la amenaza de los ejércitos amoritas. Estaban asustados y rogaron por ayuda (v. 6). Después, Dios le dijo a Josué que debía ir (v. 8) y él marchó toda la noche para salvar a los gabaonitas (v. 9). ¿Por qué Dios le habló a Josué? Probablemente porque Josué había aprendido de sus errores anteriores: En el capítulo 9 creyó la historia de los gabaonitas después de probar sus provisiones, pero no le preguntó al Señor (Josué 9:14). Esta vez estaba decidido a depender de Dios. Así es que le preguntó a Dios si debían ir. Y Dios le dijo: *"No tiembles ante ellos, pues yo te los entrego"* (Josué 10:8). Después de marchar toda la noche, Dios se movió poderosamente, confundiendo a los reyes amoritas (v. 10). Cuando se retiraban, grandes bolas de granizo cayeron desde el cielo (v. 11) matando más amoritas que los que los israelitas habían matado con espadas.

Poderosamente específico

Las oraciones poderosas son específicas. Ese mismo día, Josué ofreció una oración poderosa y llena de fe. Habló a Dios acerca del sol y la luna, pidiéndole que se detuvieran hasta que Israel ganara la batalla (vv. 12-13). De hecho, a pesar de que el versículo 12 dice que Josué le habló al Señor, en su oración pareciera estarse dirigiendo directamente al sol y a la luna, diciéndoles qué hacer. ¡Esta es una fe poderosa! Y Dios detuvo el sol y la luna por todo

---

[2] *C.H. Spurgeon,* Encouragements to Prayer *(sermón de julio 9, 1888) (Londres: Passmore & Alabaster, 1894), pp. 460, 462.*

un día: *"Nunca antes ni después ha habido un día como aquel; fue el día que el Señor obedeció la orden de un ser humano. ¡No cabe duda que el Señor estaba peleando por Israel!"* (Josué 10:14). Josué pidió con total fe. Sabía que era un hijo de Dios y que podía pedirle cualquier cosa que quisiera (Mateo 7:7-11). Se habría visto como un tonto, si Dios no le hubiese concedido lo que pedía. Pero Dios sabía que Josué creía y contestó su oración.

En Lucas 18:35-43 leemos sobre el mendigo ciego que escuchó pasar a Jesús. Sabía lo que quería. Le pidió a Jesús que lo ayudara. Todos le dijeron que se callara, pero él siguió pidiendo, creyendo que Jesús lo escucharía. Y cuando Jesús le preguntó qué necesitaba, le respondió sin temor, pidiéndole recuperar la vista. ¡Y lo consiguió! La fe poderosa es específica en sus peticiones, valiente en su actitud y espera con expectativas la respuesta de Dios.

En el Salmo 5:3, David dice que diariamente pone sus peticiones ante Dios, y *"queda a la espera de su respuesta"*. En medio de las genealogías en 1 Crónicas, leemos que Jabés clamó al Dios de Israel:

> "'Bendíceme y ensancha mi territorio;
> ayúdame y líbrame del mal, para que no padezca aflicción.'
> Y Dios le concedió su petición" (1 Crónicas 4:10).

Él fue específico; él clamó a Dios; ¡Dios contestó! Que triste es que muchas de nuestras oraciones sean "Señor, por favor, tal y cual; Dios ayúdame en tal y tal cosa...", pero no somos específicos. Las oraciones específicas son oraciones de fe, poderosas en impacto.

Cuando creemos verdaderamente, estamos listos para actuar a fin de contestar nuestras oraciones. Caminamos por la vida con los ojos abiertos, buscando las respuestas de Dios a nuestras peticiones. Abraham creyó en Dios, en Santiago leemos que *"su fe y sus obras actuaban conjuntamente, y su fe llegó a la perfección por las obras que hizo"* (Santiago 2:22). Dios realizó un poderoso milagro en la vida de Abraham porque él oró con una fe poderosa.

Victoria poderosa

Ugo es un cristiano en el Sector Este de la Iglesia de Cristo en Londres. Es muy intenso y serio en todo lo que hace y es un gran estudioso de la Biblia. Sin embargo, en cinco años y ocho meses de vida cristiana, personalmente nunca había llevado a nadie a

Dios. Había tratado y había orado muchas veces. Un grupo de hermanos se reunieron para hablar de sus vidas espirituales y lo animaron a ser más específico en su oración a Dios pidiéndole por un fruto personal. Ugo fue honesto, y confesó que había tenido pensamientos como, "Dios no quiere que sea fructífero". Sin embargo, Ugo aceptó el reto de ser fructífero ese mismo mes. Ugo oró específica y repetidamente, rogándole a Dios por un alma. Dios escuchó sus oraciones mientras Ugo decididamente hacía llamadas de seguimiento a personas que había invitado anteriormente y les recordaba ir a la iglesia. Una de estas personas fue Yomi, hombre que vivía en Birmingham. Yomi fue a la iglesia en Birmingham porque Ugo lo animó a hacerlo, y un gran día de septiembre, ¡Yomi fue bautizado en Cristo! Al igual que Josué y sus hombres, las oraciones específicas de Ugo igualaron sus acciones y eso permitió a Dios contestar sus peticiones.

Fe poderosa

Cuando tenía veinte años, Linda Hender estaba convencida de que iba a morir. Esta sensación fue particularmente fuerte una semana cuando decidió ir a trabajar en lugar de quedarse en casa. Como vivía con sus padres, tenía miedo de que si se quedaba en casa, sus padres pudieran morir también. Le escribió una nota a sus padres y se las puso sobre la almohada. En ella les explicaba qué hacer en caso de que muriera. Esa semana, decidió quedarse en su oficina, donde trabajaba como animadora, por el tiempo que fuera posible, pues allí se sentía segura. Un día, durante su hora de almuerzo, decidió ir al cajero automático (ATM) para retirar algo de dinero. Por increíble que parezca, cuando caminaba al banco, una pala cayó del andamio de un edificio en construcción y la golpeó en la cabeza fracturándole el cráneo. En el hospital, los doctores le dijeron a sus padres que tenía máximo unos veinte minutos de vida. Estaba en coma y no podía moverse o ver.

Después de varios días, Linda comenzó a recuperar la conciencia, pero no podía moverse ni hablar. En este momento, oró a Dios de una forma sencilla pero con mucha fe y le pidió que la rescatara. De manera sorprendente se recuperó casi completamente, a pesar de tener una placa de acero injertada en el cráneo. Aunque todavía no era una verdadera cristiana, Dios escuchó su poderosa oración. (A veces, Dios escucha y contesta oraciones de quienes no pertenecen a su pueblo y hasta de gente muy pecadora; vean 1 Reyes 8:41-43; 2 Crónicas 33:12-13; Jonás 3:8-10 y Hechos 10:1-4).

Linda decidió buscar a Dios seriamente. Fue a la iglesia local. A pesar de no ser feliz allí, no vio una alternativa mejor y asistió a ella por más de diez años. En ese tiempo, se casó y tuvo dos niños. Pero todavía no era feliz en su relación con Dios; sabía que faltaba algo. A principios de 1997, Geraldine Kendall (una líder del Ministerio de Mujeres en Londres, que entonces estaba en su séptimo mes de embarazo) y Angela Broughton la invitaron al programa de "Un Día de Mujeres". La noche anterior, estas mujeres habían orado toda la noche, pidiéndole a Dios que al día siguiente las llevara a alguien que lo estuviera buscando. Exhaustas después de orar toda la noche, Geraldine salió a conocer personas, convencida de que Dios la llevaría a alguien que estaba buscando la verdad.

La poderosa oración de Geraldine, y su poderoso trabajo, movieron el corazón de Dios. ¡Unas horas más tarde, Linda la conoció en el camino! Vino al Día de Mujeres y le encantó. Comenzó a estudiar la Biblia con las hermanas y varias semanas más tarde se bautizó en Cristo. Ahora, Linda entiende totalmente por qué Dios contestó su oración para sobrevivir al terrible accidente sufrido años antes, y quiere ayudar a que muchas personas se vuelvan cristianas.

Linda es fiel hasta el día de hoy y es una de las cristianas que sirve con mayor alegría en el Sector Noroeste de la Iglesia de Londres. Hace los refrigerios para el equipo de fútbol de la iglesia y es muy generosa. También canta regularmente en los eventos de la iglesia y sabe que una fe poderosa en un Dios poderoso resulta en ¡milagros poderosos!

Al igual que Geraldine, Unni tenía una fe poderosa. Él es un hermano de la Iglesia de Cristo en Cochin, Kerala, India. Tiene una hermana, Shanti, quien estaba completamente desanimada con la vida. Estaba embarazada, soltera y su familia la rechazaba. Había decidido terminar con su vida, pero Unni no perdió su fe en Dios. Todos los días oraba con fe por ella. La invitó a la iglesia muchas veces, y finalmente ella decidió asistir. Otros discípulos se involucraron en su vida, y poco después se hizo una discípula. Después de hacerse una discípula, la vida de Shanti cambió totalmente. Su depresión desapareció, y se volvió una persona alegre y feliz. Shanti dio a luz a un varón encantador a quien llamó Abednego. Dios bendijo su vida con un trabajo en HOPE *worldwide* en Nueva Delhi, y Dios la ha bendecido aún más con un gran muchacho, Rubén, quien quiere casarse con ella. Y todo porque su hermano Unni creyó que Shanti podía cambiar. Oró con una fe poderosa y actuó con esa fe, creyendo que su oración sería respondida.

Otra historia de fe poderosa y de oración viene de la India. Stella y su esposo, Jonson, fueron en el equipo misionero a Hyderabad, India. Un día, cuando iba en el autobús, Stella conoció a una joven a quien llamaré Eva (no es su nombre verdadero). Esta mujer le dijo a Stella que solía asistir a la Iglesia de Cristo en Londres y que estaba de visita en Hyderabad para hacer un examen, después de lo cual iría a otra parte de India. Mostró cierto interés en venir a la iglesia, pero de repente el autobús se detuvo, ella se bajó y Stella nunca obtuvo un número de teléfono para contactarla. Compungida, Stella llegó a casa y le rogó a Dios que le permitiera ver a Eva al día siguiente, a pesar del hecho de que Hyderabad es una ciudad de cuatro millones de personas. Y tan cierto como es, al día siguiente, en otra parte de la ciudad, Stella y Eva volvieron a encontrarse. Eva fue a la iglesia en Bangalore y más adelante fue bautizada allá. Cinco años más tarde, está felizmente casada y ella y su esposo desempeñan un papel importante en una de las congregaciones del Oriente Medio.

Una fe aún más poderosa

Pam, Roger y George Matthew se hicieron discípulos en la Iglesia de Cristo de Chicago. Descendientes de hindúes, cada uno de ellos decidió regresar a la India a predicar la Palabra de Dios. Siempre habían orado porque Dios le abriera una puerta a su familia y pudiera salvarse. Su familia, sin embargo, vivía en Kottayam, India, pueblo costero de unas 100.000 personas, en una nación de cincuenta ciudades de cerca de un millón de personas cada una, y cientos de ciudades más grandes que Kottayam.

Por la gracia de Dios, y mientras los tres oraban, se plantó una iglesia a sesenta millas de Kottayam, en una ciudad llamada Cochin. Siguieron orando y predicando. Al año siguiente, uno de los hermanos en Cochin, Santosh Kagu, recibió una oferta de trabajo fuera de la ciudad. El lugar: Kottayam. Por fe, aceptó el trabajo y se mudó para allá con su esposa, Nalini, y ambos comenzaron un grupo familiar. Una a una se agregaron almas, hasta que un año más tarde había dieciséis discípulos en Kottayam. En ese momento se intensificaron las oraciones de la familia Matthew. Una pareja de internos del ministerio fue enviada para liderar la iglesia, y Kottayam se convirtió en una iglesia plantada independientemente (ha crecido a 100 miembros desde entonces). El abuelo de los Matthew, T. A. Varkey, fue una de las figuras con más influencia en la familia y en la comunidad. Había actuado con mucho orgullo hacia la iglesia, preocupado de que sus nietos se hubieran unido a algún tipo de culto religioso mientras estudiaban en los Estados Unidos. Sin embargo, visitó la iglesia en Bangalore y el trío siguió orando por él. Cuando se plantó la iglesia en Kottayam, el Señor Varkey fue de visita, pero todavía no cambiaba. Los cristianos oraron para que Dios se moviera poderosamente en su vida. Su salud comenzó a decaer y luego sufrió un infarto. Pam, Roger y George empezaron a ayunar semanalmente por él. El señor Varkey aceptó estudiar la Biblia y se dio cuenta de que necesitaba hacerse cristiano. Roger viajó desde Bangalore hasta Kottayam para bautizarlo, pero el resto de la familia y los vecinos se reunieron y echaron a los hermanos de la casa antes de que pudieran bautizarlo. El señor Varkey tenía miedo. Su condición empeoró y tuvo un segundo infarto que le paralizó la mitad del cuerpo. Pero sus nietos siguieron orando poderosas oraciones de fe y actuaron según sus oraciones.

George vivía en Cochin y viajaba dos veces al mes a Kottayam para estudiar con su abuelo, a pesar de que no estaba muy abierto a la verdad. Toda la iglesia de Bangalore, los seiscientos discípulos, oraron por él. Después de muchos estudios más, decidió bautizarse.

George fue a la casa. Oró y cerró la puerta detrás de él. El señor Varkey rogó para que lo bautizaran. George oró y recordó como Jesús había cerrado la puerta para mantener alejados a quienes no creían en él cuando estaba curando a la hija de Jairo en Marcos 5:36-43. Así es que George cerró la puerta, llenó la bañera y se preparó para bautizar a su feliz abuelo. Afuera, la familia se dio cuenta de lo que estaba pasando. Oyeron correr el agua adentro y estaban furiosos. Trataron de romper la puerta. Trataron de llamar a la policía y detener el bautismo, pero el teléfono estaba muerto. Y pronto todo terminó.

Por su propia voluntad, el señor Varkey se bautizó en Cristo. George abrió la puerta y los vecinos y la familia entraron a ver a un Varkey sonriente y mojado. Dos semanas después murió y fue a reunirse con Dios. Fielmente, Pam, George y Roger oraron específicamente porque Kottayam tuviera una iglesia y porque su abuelo fuera salvo. Pero ellos también, al igual que Josué, estaban preparados a actuar según sus oraciones. Cuando llegó el momento de predicar en India, allá fueron. Cuando llegó el momento de estudiar con el señor Varkey, allá fueron. Y cuando llegó el momento de ser valientes y salvar un alma, arriesgaron su reputación para que un hombre pudiera tener el perdón de sus pecados. Las poderosas oraciones de fe mueven el corazón de Dios ¡para que haga milagros!

Un Dios poderoso

El Dios que puede hacer más de lo que pedimos o imaginamos, ¡está listo a escuchar nuestras oraciones! Abrió el mar Rojo, detuvo el sol, aniquiló ejércitos enteros, sanó a los ciegos y hasta resucitó a los muertos cuando sus hijos se lo pidieron. Está listo para hacer milagros en nuestras vidas. Su corazón se mueve cuando le decimos lo que queremos. Cuando creemos y actuamos, ¡nos contestará! Oremos de forma específica y con fe a nuestro poderoso y maravilloso Dios.

HACIENDO INVENTARIO

1. *¿Por qué crees que puedes llegar a ser conocido como una persona que hace oraciones poderosas?*

2. *¿Por qué tiene sentido que Dios quiera que tus oraciones sean poderosas?*

3. *¿En qué cualidad de las descritas en este capítulo necesitas enfocarte más para disfrutar del poder de una oración poderosa?*

14

Alabanza y acción de gracias

Por mucho tiempo, desde los días de
David y de Asafat, había directores de coros y cánticos
de alabanza y de acción de gracias a Dios.

Nehemías 12:46

Las alabanzas y la acción de gracias son una parte natural de la oración. Todos queremos alabar a quienes amamos, pero en la vida real, a menudo nos pasamos por alto los unos a los otros. Nos acostumbramos a decir muy poco para animar a otros. Tampoco les agradecemos, y este patrón puede entrar en nuestra vida de oración. Podemos usar a Dios para satisfacer nuestras necesidades, pero fallamos en glorificarlo como nuestro Dios. No podemos imaginar cuánto significa para Dios el que sus hijos lo aprecien.

Una forma excelente de aprender a alabar y agradecer a Dios en oración es leyendo los Salmos y orando a través de ellos. David dijo:

Te exaltaré, mi Dios y rey,
por siempre bendeciré tu nombre.
Todos los días te bendeciré;
por siempre alabaré tu nombre (Salmo 145:1-2).

Alabaré al Señor toda mi vida;
mientras haya aliento en mí,
cantaré salmos a mi Dios (Salmo 146:2).

El gran reformista Martín Lutero amaba "el sabor, la fuerza, la pasión, el fuego que encuentro en los cancioneros de la iglesia"[1].

---

[1] *Tomado del libro de Dietrich Bonhoeffer,* The Psalms: The Prayer Book of the Bible, *traducido por James H. Burtness (Mineapolis: Augsburg, 1974), pág. 25.*

Richard Foster nota que "en las comunidades cristianas del primer siglo no era extraño memorizar 'todo David' (...) Jerome decía que en sus días, uno escuchaba cantar los salmos frecuentemente en los campos y en los jardines" [2].

Mano a mano

¿Cuál es la diferencia entre alabanza y acción de gracias? La alabanza aprecia a Dios por quien Él es, mientras que la acción de gracias aprecia a Dios por lo que ha hecho. Pero es difícil separarlas. En muchas de las grandes oraciones de la Biblia van unidas (1 Crónicas 29:10-14; Salmo 100:4-5; Apocalipsis 11:17-18). En su excelente libro, *The Joy of Fearing God*, Jerry Bridges observó: "Es difícil separar el dar gracias de la alabanza cuando oramos a Dios. El mejor ejercicio es unirse a ellos, como vemos en el Salmo 100"[3].

Entren por sus puertas con acción de gracias;
vengan a sus atrios con himnos de alabanza;
denle gracias, alaben su nombre.
Porque el Señor es bueno y su gran amor es eterno;
su fidelidad permanece para siempre (Salmo 100:4-4).

A Dios le gusta que lo alaben, y le encanta que le den gracias. Para citar a Foster una vez más:

"Nuestro Dios no está hecho de piedra. Su corazón es el más sensible y tierno de todos. Nada le pasa desapercibido, no importa cuán insignificante o pequeño. Una taza de agua fría es suficiente para llenar de lágrimas los ojos de Dios. Como la madre que está orgullosa y encantada de que su hijo le entregue un ramo de margaritas silvestres, de igual modo Dios celebra nuestras honestas expresiones de agradecimiento.

Piensa en Jesús cuando sanó a los diez leprosos. Sólo uno regresó a darle las gracias, y fue un samaritano. Cuán movido se sintió Jesús por él, ¡y cuán triste por los otros nueve!

Piensa en la mujer que lavó los pies del maestro con sus lágrimas de gratitud. ¡Cuán movido se sintió por su sencilla devoción!

---

[2]*Richard J. Foster,* Prayer: Finding the Heart's True Home *(Londres: Hodder & Stoughton, Ltda., 1992), pág. 116.*

[3]*Jerry Bridges,* The Joy of Fearing God *(Colorado Springs: Waterbrook Press, 1997), pág. 239.*

Piensa en la mujer que derramó un perfume costoso sobre la cabeza de Jesús. ¡Cuán movido estaba por este acto de desenfadada adoración! ¿Y nosotros qué? ¿Nos atrevemos a aguantarnos?

Cuando tomamos esa mano herida y simple y profundamente decimos 'Gracias, te bendigo, te alabo', estamos llevando alegría al corazón de Jesús" [4].

En 2 Crónicas 20:1-3, el rey Josafat de Judá se entera de que un gran ejército de amonitas y moabitas se prepara para atacarlo. Por muchos años ha sido un hombre de Dios (2 Crónicas 17:3-4), y por eso su primer instinto es depender de Dios (2 Crónicas 20:3). Su fe hace que gente de todas partes de Judá se una para buscar la ayuda de Dios (v. 4). Él ora delante de todos, alabando a Dios (vv. 5-9). Hasta le pide ayuda y admite que él y su pueblo no tienen la fuerza para hacer nada: *"¡No sabemos qué hacer! ¡En ti hemos puesto toda nuestra esperanza!"* (v. 12). Hasta las mujeres y los niños se unen a esta oración. Vemos la respuesta de Dios por medio de algunos de los hermanos (vv. 14-19). Ellos le dicen a Josafat que no se desanime ni tenga miedo *"pues la batalla no es suya sino de Dios"* (v. 15) . Le explican: *"...no tendrán que intervenir en esta batalla. Simplemente, quédense quietos en sus puestos, para que vean la salvación que el Señor les dará. ¡Habitantes de Judá y Jerusalén..."* (v. 17). Después de esta increíble promesa, Josafat se postra de rodillas y adora a Dios (v. 18). Los levitas se ponen de pie y alaban a Dios a voz en cuello (v. 19). Luego, al día siguiente, salen a la batalla. Josafat anima a su gente a que confíe en Dios (v. 20). En el versículo 21 dice:

> Después de consultar con el pueblo, Josafat designó a los que irían al frente del ejército para cantar al Señor y alabar el esplendor de su santidad con el cántico: "Den gracias al Señor; su gran amor perdura para siempre" (2 Crónicas 20:21).

Y apenas comenzaron a cantar y alabar a Dios, Él puso emboscadas contra los ejércitos enemigos. En la confusión, los tres ejércitos aliados se volvieron contra ellos mismos y se destruyeron entre sí (vv. 22-23). Muy pronto el vasto ejército se convierte en un campo de cadáveres. Los hombres de Josafat

---

[4]*Richard J. Foster,* Prayer: Finding the Heart´s True Home, *(Londres: Hodder & Stoughton, Ltda, 1992), pp. 89-90.*

necesitaron tres días para recoger el botín (v. 25) y en el cuarto día se reunieron en el valle de Beracá para alabar al Señor (v. 26). De hecho, ¡"Beracá" significa "alabanza" en hebreo! Ese valle permanece como testimonio permanente de cuánto se mueve el corazón de Dios cuando lo alabamos.

Alabanza en India

Creo que uno de los momentos cumbres en el ministerio en la India fue cuando comenzamos a alabar y agradecer más a Dios. En Nueva Delhi, en el verano de 1991, decidimos hacer más para ayudar a los pobres de la India. Cada uno de los grupos de familia de la iglesia empezó a visitar barrios y a ayudar a la gente eventualmente. De esta forma nos dimos cuenta de una colonia de leprosos, y comenzamos a visitarla con frecuencia y a ayudarlos. Eso nos hizo apreciar cuán bendecidos estábamos; teníamos todos nuestros dedos de las manos y de los pies, nuestros ojos y nariz, nuestra salud, nuestros trabajos y nuestros amigos. Estas personas alguna vez llevaron una vida normal, pero ahora no tenían nada. Nuestras vidas de oración cambiaron a medida que fuimos expuestos al sufrimiento de los pobres.

Para febrero de 1992, los líderes de las iglesias del Sector Mundial de la Comunidad Británica estaban de visita en la India. Mi amigo Douglas Arthur quería visitar la colonia de leprosos sobre la que tanto había escuchado. Todos regresaron llorando y mucho más agradecidos por lo que tenían. Poco tiempo después, Kip McKean compartió en un sermón cómo había escrito mil cosas por las que estaba agradecido y había orado por cada una de ellas. Decidí hacer lo mismo y eso me hizo sentir muy agradecido con Dios. No es coincidencia que oración, alegría y gratitud estén íntimamente ligadas en 1 Tesalonicenses 5:16-18: *"Estén siempre alegres, oren sin cesar, den gracias a Dios en toda situación, porque ésta es su voluntad para ustedes en Cristo Jesús".*

Creo que nuestro gran agradecimiento en la India dio un gran fruto para la gloria de Dios. Desde julio de 1991 hasta mayo de 1996, las iglesias de la India crecieron de cuatro congregaciones con 489 miembros en un país, a 18 congregaciones con 2.759 miembros en cinco países. Dios nos bendijo con un crecimiento seis veces mayor en menos de cinco años, ¡y lo alabamos y le dimos gracias en cada paso que dimos!

Alabanza en Bangladesh

En marzo de 1996, mi esposa y yo nos preparábamos para salir de India. Dios había levantado a ciudadanos indios para que trabajaran en la iglesia allá, y había llegado el momento de que nos retiráramos y les diéramos la oportunidad de liderar (Juan 3:30). Pero aún no habíamos plantado una iglesia en Bangladesh, país con más de 120 millones de almas perdidas. No conocíamos a ningún discípulo de Bangladesh en ninguna parte del mundo que estuviera dispuesto a ir. Así que diseñamos un grupo misionero de cinco miembros para comenzar la iglesia, incluyendo a Moisés y Mamta Singh, y Prakash y Joyce D´Sa (mi esposa se unió más tarde, después de que Prakash y Joyce se fueran). El sábado 9 de marzo, apenas dos días antes del día programado para nuestra llegada, la oposición política en Bangladesh llamó a una huelga indefinida y total en todo el país. Su objetivo era apabullar al gobierno, y todos los comercios cerraron. El transporte (a excepción de las ambulancias y los taxis) no podían circular. Estuvimos tentados a no ir, pero oramos y nos fuimos de todas formas.

Cuando llegamos, nuestros contactos en Bangladesh nos preguntaron, "¿por qué no llamaron?, ¡les habríamos dicho que no vinieran!". Pero oramos, agradeciéndole a Dios por estar en control de todo. Perdimos el salón de reunión por la violencia generada por la huelga, pero estábamos decididos a dedicarnos a alabar a Dios nosotros mismos. Cada día, nuestro pequeño grupo se levantaba a las 5.00 a.m. para nuestros tiempos personales de oración y estudio de la Biblia con el Señor. A las 6.30 a.m., todos nos reuníamos para una hora de oración en grupo, en la que siempre alabamos y agradecimos a Dios con gran alegría. De 7.30 a 8.15 a.m. estudiábamos la Biblia juntos y hablábamos de los planes de Dios para nuestra ciudad y nuestro país. Luego leíamos el periódico local, que describía la violencia del día anterior. La huelga empeoraba con los días. Había más situaciones de violencia, más personas muertas, más personas enojándose. Cada día, al salir a predicar, cuando veíamos que Dios había hecho un milagro, inmediatamente lo alabábamos y le dábamos gracias en voz alta. A pesar de que la huelga nacional era intensa, sabíamos que Dios nos protegería.

Llegó el momento para que mi esposa y mis hijos se me unieran. El día que llegaba su vuelo leímos el periódico en la mañana. El día anterior, los huelguistas habían comenzado a atacar a los vehículos en las calles, incluyendo las camionetas del aeropuerto y hasta las ambulancias; el día anterior, una multitud había rodeado una camioneta que venía del aeropuerto y arrojado dentro de la misma una bomba molotov, destruyendo e incinerando a sus ocupantes. Nadine y mis tres hijos –Hannah, Luke y Esther– llegarían en unas pocas horas, y ya era muy tarde para detenerlos. Oramos y alquilamos una camioneta del aeropuerto. De vuelta a casa desde el aeropuerto, cantamos y alabamos a Dios en la camioneta. Ese día había una manifestación inmensa en el centro de la ciudad. Tratamos de evitarla pero, de repente, vimos cómo la calle se llenaba con miles de personas delante nuestro, corriendo hacia nosotros. Estaban furiosos, y rodearon nuestra camioneta. Habíamos estado cantando y alabando a Dios todo el camino desde el aeropuerto, ahora comenzamos a rogarle que nos ayudara.

Las personas nos gritaban, golpeaban la camioneta. Mi esposa y los niños se encontraban adentro. El chofer estaba entrando en pánico. Nuestro amigo local también estaba asustado. No podíamos salir. Más y más personas nos rodeaban. De la nada salió un hombre que dijo: "Déjenlos en paz". Y luego desapareció entre la multitud. ¿Quién fue? No lo sé; pero estoy seguro de que Dios nos lo había enviado. Sus palabras nos dieron tiempo para salir corriendo de la camioneta. Cargamos a los niños y nos escondimos por más de una hora, en espera de que la multitud se dispersara. Luego caminamos y dimos una vuelta con nuestro equipaje hasta llegar donde nos quedaríamos. Y alabamos a Dios. Nos acordamos de las palabras en 2 Crónicas 20:17:

"Pero ustedes no tendrán que intervenir en esta batalla. Simplemente, quédense quietos en sus puestos, para que vean la salvación que el Señor les dará. ¡Habitantes de Judá y de Jerusalén, no tengan miedo, no se acobarden! Salgan mañana contra ellos porque yo, el Señor, estaré con ustedes".

Una vez que mi esposa y mis hijos estuvieron en Bangladesh, decidimos que teníamos que aprovechar la situación al máximo hasta que pudiéramos sacarlos sin peligro. Todos los días Nadine y yo salimos a estudiar la Biblia con las personas. Todo el mundo tenía mucho tiempo para reunirse con nosotros porque nadie podía ir a trabajar o a la universidad, ¡todo estaba en huelga! Dios lo había dispuesto de tal manera para que nuestro tiempo fuera fructífero. Viajamos a pie o en "carros tirados por bicicletas".

Una noche, el conductor de uno de estos carros se rehusó a llevarnos hasta el hotel barato donde estábamos. Nos dejó a unos 100 metros de distancia. A lo lejos podíamos ver a una gran multitud que rodeaba el círculo vial cerca de nuestro hotel. Empezamos a caminar cuando, de repente, escuchamos una fuerte explosión. ¡Miles de personas corrían por la calle hacia nosotros! La policía los perseguía y les disparaba; podíamos oír los disparos. La multitud le arrojaba bombas a la policía. Nuestros hijos estaban justo ahí, en el hotel, en una habitación del segundo piso que daba a la calle, mientras esta batalla se desarrollaba afuera debajo de ellos. Fuimos arrastrados por una multitud que corría desesperada por los callejones de la ciudad. Nadine y yo salimos a un pequeño complejo y corrimos directo hacia la choza de latón de una familia. El dueño de la casa se llamaba Safi Uzzaman. Otro hombre llamado Shahjahan estaba con nosotros. Allí, en la choza, Safi Uzzaman nos ofreció té y galletas. Afuera, en los callejones, podíamos oír los disparos a pocos metros de las delgadas paredes de la choza de latón. Seis años antes había estado igual de asustado cuando enfrentamos un peligro semejante en Bangalore. Pero aquí, tomando té en medio de una guerra civil, me sentí totalmente en paz. Sabía que Dios nos protegería a nosotros y a nuestros hijos; podía sentir su presencia, y me sentí muy feliz por ya no tener miedo.

Aproximadamente una hora más tarde, la multitud se dispersó. Caminamos hacia nuestro hotel. Podíamos ver los restos de las bombas que se habían lanzado. Corrimos hacia nuestra habitación y descubrimos que nuestros hijos estaban bien. Wendy D'Souza, quien los había estado cuidando, había apagado las luces y los había alejado de las ventanas. Pretendió que todo era un juego. Esa noche, Nadine y yo alabamos y agradecimos a Dios desde el fondo de nuestros corazones. ¡Fue fácil!, había hecho tanto por nosotros.

Pocos días más tarde conseguimos sacar a Nadine y a los niños sin peligro. Yo me quedé para terminar el trabajo. Años más tarde, a pesar de los muchos problemas, tenemos 22 discípulos fuertes en Bangladesh. Para mi familia, es nuestro verdadero "Valle de Alabanza".

Creo que Dios estaba dispuesto a ayudarnos y a protegernos porque estuvimos dispuestos a alabarlo y darle gracias cuando no estábamos frente a una crisis, fue sólo la forma como vivimos. Así fue como Josafat vivió, mucho antes que los ejércitos lo atacaran. A Dios le encanta cuando su pueblo lo alaba de corazón. Es muy fácil alabar las cosas de este mundo: autos, casas, edificios, computadores, equipos electrónicos. Pero ¡tenemos una relación con el Dios que hizo todas esas cosas!

Alabanza práctica

Cada día trato de dedicar parte de mi tiempo de oración a alabar y agradecer a Dios. ¡Anima mucho orar de esta forma! Déjenme darles una sugerencia práctica: tengan un tema diferente de alabanza y agradecimiento cada día. Aquí tienen treinta ideas. Estoy seguro de que pueden agregar varias más.

- *La Palabra de Dios: Qué increíble es*
- *El plan de Dios a través de la historia; desde Adán hasta Abraham, hasta David, hasta Jesús (¡y todos los que están en el medio!)*
- *La creación*
- *La vida de Jesús*
- *El Espíritu Santo*
- *La cruz*
- *Las cualidades de Dios*
- *La resurrección*
- *Los milagros de Jesús*
- *Las bendiciones espirituales de Dios (las bendiciones de ser cristiano)*
- *Las bendiciones de Dios en tu vida personal*
- *El amor de Dios*
- *El poder de Dios*

- *El cielo*
- *La tecnología. Cómo Dios ha permitido que el hombre haga máquinas para hacer su vida y la evangelización más fáciles*
- *La historia moderna*
- *Grandes hombres de Dios en la historia de la iglesia*
- *La historia de tu conversión personal*
- *La evangelización mundial. Por ciudad/país*
- *La Palabra de Dios, usando el Salmo 119*
- *La primera iglesia*
- *Oraciones contestadas*
- *La Biblia, libro por libro.*
- *Los fracasos y derrotas de la Biblia que Dios convirtió en victorias*
- *La forma como Dios se ha ocupado de tus necesidades físicas y financieras toda tu vida*
- *Un libro de la Biblia, versículo por versículo (lee un versículo, ora, lee otro versículo, ora, etc.)*
- *Cada miembro de tu iglesia*
- *Cada amigo que has tenido*

Sé esa persona

Cuando Jesús sanó a los diez leprosos, sólo uno regresó a alabar a Dios.

Jesús estaba defraudado y preguntó: *"¿Dónde están los otros nueve?"* (Lucas 17:17). ¡Qué nunca tenga que decir lo mismo de nosotros! ¡Alabémoslo y démosle gracias desde lo más profundo de nuestro corazón! ¡Encontremos nuestro "Valle de Alabanza" personal y vivamos allí para siempre!

HACIENDO INVENTARIO

1. *¿Cómo está tu vida de alabanza? ¿Tus oraciones son sólo un grupo de peticiones, con algún "gracias" ocasional por tus bendiciones? Es tiempo de cambiar, ahora, antes de que tengas que hacer frente a la crisis.*

2. *¿Tienes algún Salmo de alabanza favorito? ¿Cuál? Si no lo tienes, busca uno y memorízalo.*

3. *Escribe tu propio salmo de alabanza y de agradecimiento, relacionándolo con algún evento reciente en tu vida. Ora con él, y luego compártelo con uno o dos amigos.*

15

Oración agresiva

"Entonces un hombre luchó con él hasta el amanecer.
Cuando este hombre se dio cuenta de que no podía vencer
a Jacob, lo tocó en la coyuntura de la cadera, y ésta se dislocó
mientras luchaban. Entonces el hombre le dijo:
–¡Suéltame que ya está por amanecer!
–¡No te soltaré hasta que me bendigas! –respondió Jacob.
–¿Cómo te llamas? –le preguntó el hombre.
–Me llamó Jacob –respondió, Entonces el hombre le dijo:
–Ya no te llamarás Jacob, sino Israel, porque has luchado
con Dios y con los hombres, y has vencido."

Génesis 32:24-28

Más que cualquier otro pasaje de la escritura, esta sección sobre Jacob ha sido de gran influencia en mi vida de oración. Él era pecador y autosuficiente. Dios siguió mandándole problemas para enseñarle una lección. Por último, completamente solo, Jacob luchó toda la noche con un ángel de Dios. El ángel le hizo daño a Jacob, dislocándole la cadera, pero incluso en ese momento, Jacob no lo dejó ir. Le dijo: *"No te soltaré hasta que me bendigas".* ¡Y Dios lo bendijo!

Jacob era agresivo. No se daba por vencido. Perseveraba. A veces Dios no contesta nuestras oraciones inmediatamente porque quiere que perseveremos. Necesitamos recordar que el valor de una gran relación con Dios ¡es mayor que el valor de las cosas que le pedimos!

Jacob recibió el nombre de "Israel", que significa *"el que lucha con Dios"* (v. 28). El luchó con Dios y con los hombres, y venció. En este pasaje, al menos, la oración es un deporte de contacto. De igual modo, en el Nuevo Testamento, Pablo recomendó a Epafras ante los colosenses porque siempre estaba *"luchando en oración por ustedes"* (Colosenses 4:12).

Peticiones audaces

La oración agresiva es una oración valiente. Pide por cosas que casi parecen audaces. En Génesis 18, Abraham regateó con Dios por la pecadora ciudad de Sodoma. Cuestionó la justicia de Dios porque Dios estaba dispuesto a destruir a los buenos con los pecadores (Génesis 18:23). Abraham sabía que estaba siendo agresivo. En Génesis 18:27 dijo: *"Reconozco que he sido muy atrevido al dirigirme a mi Señor, yo, que apenas soy polvo y cenizas...".* Se disculpó de nuevo por su valentía (v. 30) ¡y le pidió a Dios que no se molestara! (vv. 30, 32). Esta era una oración agresiva y valiente, y no enojó a Dios. Por el contrario, Dios llamó "amigo" a Abraham. Dios escuchó su oración y salvó la vida del sobrino de Abraham, Lot, y junto con él a sus hijas.

Cientos de años más tarde Ester enfrentó la destrucción de su pueblo, los judíos. Pero Dios la había puesto cerca del rey de Persia. Ella ayunó por tres días (Ester 4:15-16) y seguro que oró por la libertad de los judíos. Esta fue una oración agresiva. A Dios le gustó, e hizo muchos milagros para salvar a Ester, salvar a Mordecai (su padre adoptivo) y salvar a las personas del malvado Haman.

De igual modo, en Éxodo 32, después de que el pueblo hiciera un becerro de oro, Dios estaba listo para destruirlo (vv. 9-10). Mas Moisés discutió con Dios acerca del destino de su pueblo (vv. 11-13). Dios oyó a Moisés y se abstuvo de traer desastres a la gente (v. 14). Como dijo el salmista, Moisés *"se puso ante él en la brecha"* para impedir que Dios destruyera a su pueblo (Salmo 106: 19-23).

Durante la historia, Dios ha buscado hombres y mujeres que tuvieran este tipo de relación con él. En Ezequiel 22:30, se lamenta:

> "Yo he buscado entre ellos a alguien que
> se interponga entre mi pueblo y yo, y saque la cara por él
> para que yo no lo destruya. ¡Y no lo he hallado!".

Dios desea gente que ore agresivamente, que se interponga entre el cielo y el infierno, y que interceda por un mundo perdido y moribundo. ¿Serás tú ese hombre o esa mujer?

A veces, una oración agresiva puede parecer presuntuosa. En Marcos 11:23 Jesús dijo que debíamos hablarles a las montañas con autoridad. Josué le ordenó al sol que no se moviera, en Josué

10. Jesús ordenó a las olas y al viento que se detuvieran (Marcos 4:39). Él ordenó a los oídos del sordo que se abrieran (Marcos 7:34). Ordenó al difunto Lázaro que saliera de la tumba (Juan 11:43). En Lucas 5:13 le dijo al leproso "queda limpio". En Marcos 1:25 reprendió al espíritu maligno, diciéndole que saliera del hombre. Estas fueron oraciones agresivas y valientes, y Dios quería que se dijeran.

Perseverando en la oración

La oración agresiva también es una oración de perseverancia. Es el espíritu de Jacob el que debería estar dentro de nosotros cuando oramos, *"¡No te soltaré hasta que me bendigas!"*. La perseverancia en la oración es la esencia de las parábolas de Jesús en Lucas 11 y en Lucas 18. En Lucas 11:5-8, el maestro está dentro de su casa, cómodamente con sus hijos, cuando un hombre toca la puerta a medianoche en busca de ayuda para un amigo. Si bien no contestará porque es amigo del hombre, ¡sí lo hará por su valentía! Esa palabra también puede traducirse como "persistencia". En Lucas 18:1-8 vemos a un juez injusto. Eventualmente él contesta la petición de la viuda porque ella lo fastidia de manera constante. Debemos entender que Dios no es injusto, pero que lo mueve la persistencia. La oración agresiva sigue insistiendo, aun cuando la respuesta haya sido negativa por un tiempo. Una vez más, Dios quiere que entendamos que el valor de una gran relación con Él es mucho más grande que el valor de lo que le pedimos que haga por nosotros. Andrew Murray observó que "cuando nuestras oraciones no son respondidas, aprendemos a dejar que la presencia y el amor de Dios sean para nosotros mucho más importantes que las respuestas a nuestras oraciones; y luego seguimos orando"[1].

Dios quiere que lo agotemos con oraciones, Isaías 62:6b-7 dice:

"Ustedes, los que invocan al Señor,
no se den descanso; ni tampoco lo dejen descansar,
hasta que establezca a Jerusalén
y la convierta en alabanza de la tierra".

---

[1] *Cox, Douglas Ed y Edward A. Elliot, Sr., eds.* The Best of Andrew Murray on Prayer *(Uhrichsville, Ohio: Barbour Publishing, Inc.), pág 18.*

Dios nos reta a que lo importunemos hasta que nos conteste. ¡A Dios le encanta cuando somos agresivos en nuestra oración! Tantas veces renunciamos en nuestra oración justo cuando Dios está a punto de darnos una respuesta. Podemos ser agresivos en nuestra relación con la gente, y a veces hasta podemos ser groseros para conseguir lo que queremos. Pero en lo que concierne a Dios, podemos ser tan tímidos como ratones. De hecho, Dios quiere que seamos amables con otras personas (Efesios 4:1-2) ¡y agresivos con Él! Necesitamos tomar la decisión de ser agresivos en nuestras oraciones. Tenemos que pedirle valiente y confiadamente; Jesús nos permite entrar en el Santísimo Lugar con confianza (Hebreos 10:19). Necesitamos pedirle hasta que conteste.

Orando por un milagro

Sam y Emily Kanu son discípulos de la iglesia de Londres y el 30 de noviembre de 1996, su hijo de 10 años, Joseph, comenzó a quejarse de dolor de cabeza. En los siguientes días, el dolor empeoró y lo hizo vomitar. El 4 de diciembre sus padres lo llevaron a la sala de emergencias del hospital. Allí le prescribieron paracetamol y lo mandaron a casa. A las pocas horas colapsó. Esta vez lo ingresaron al hospital, y lo hospitalizaron con meningitis. Sam y Emily comenzaron a orar. Los rayos X y una tomografía que le hicieran el 7 de diciembre confirmaron lo que los doctores temían: Joseph tenía meningitis estreptocócica y la tomografía mostró un enfisema subdural –acumulación de pus alrededor del cerebro–. Si la infección continuaba, la presión en el cerebro de Joseph lo mataría. Por todo Londres los discípulos oraron porque Dios salvara al pequeño Joseph. Los cirujanos le pidieron a Sam y Emily su consentimiento para realizar una craneotomía frontal derecha. Iban a remover el frente del cráneo de Joseph. El procedimiento le daría a Joseph un cincuenta por ciento de probabilidades de sobrevivir. Firmaron las planillas necesarias, y poco después de la media noche del 8 de diciembre comenzó la operación que habría de durar cinco horas. Se drenó el pus que rodeaba el cerebro de Joseph. Joseph cayó en un coma profundo y se mantenía vivo con un respirador.

Durante los siguientes ocho días se realizaron tres operaciones más de drenaje en un desesperado intento de controlar la infección. Discípulos de todo el Reino Unido ayunaron y elevaron a Dios oraciones desesperadas. Pero el 16 de diciembre, los doctores le dijeron a Sam y Emily que su hijo moriría en dos días. "Recuerdo lo que le dije al médico –dijo Sam–, le dije: 'Mire, creemos en el poder de Dios. Y en tanto haya una onza de vida en el cuerpo de nuestro hijo, Dios puede trabajar' ". Sam y Emily habían estado orando desesperadamente, encontrando consuelo al estudiar a Job y los Salmos, y en las promesas de Dios. El Salmo 37:4 fue el punto de enfoque de sus oraciones, pero con esta noticia comenzaron a orar con más desesperación. Sam recuerda: "Oramos con lágrimas. Estábamos enfocados en Dios intensamente. No había duda en nuestra mente de que Dios iba a hacer lo que le estábamos pidiendo: '¡Devuélvenos a nuestro hijo!'. Habíamos estado ayunando al saltarnos comidas, pero ahora comenzamos a ayunar con más seriedad. Durante la siguiente semana sólo comíamos en la noche para mantener las fuerzas". También sabían que toda la iglesia de Londres estaba orando para que Dios sanara a Joseph, y cada vez que los hermanos y las hermanas visitaban al niño, aprovechaban para orar juntos. Los niños a la izquierda y a la derecha de Joseph en la sala de cuidados intensivos murieron. Sam y Emily pensaron: "¿Vamos a ser los siguientes padres en perder a su hijo?". Se le hicieron dos operaciones más para drenarle pus del cerebro. Luego los médicos dijeron que si Joseph sobrevivía, sufriría de daños cerebrales graves. Estaban planeando movilizarlo para un hospital de niños discapacitados graves. Sin embargo, Dios preparaba un milagro. Después de estar en coma profundo durante tres semanas, Joseph abrió los ojos y comenzó a reaccionar a las voces a su alrededor, pero su cuerpo estaba completamente paralizado. Los médicos habían perdido la esperanza de que volviera a caminar, pero para sorpresa de todos los que habían cuidado de Joseph, ¡Joseph tuvo una recuperación espectacular! No presentó ningún tipo de daño cerebral y ya puede caminar, correr y jugar como cualquier otro niño. Ahora tiene trece años, está fuerte y su salud sigue mejorando.

Sam dice: "Cada vez que veo al médico, él me sonríe y dice: 'Dios es increíble, ¿verdad?'. Quiero que Dios tome toda la gloria".

Sam y Emily nunca se rindieron cuando oraban por su hijo. Fueron valientes y persistentes; y también lo fue toda la iglesia de Londres. Dios escucha las oraciones agresivas.

Orando por fruto

Toye Oshunbiyi oró constantemente para bautizar a alguien el domingo de la conferencia de Hombres de la Iglesia de Londres en abril de 1999. Las personas con quienes había estado estudiando la Biblia, una por una se habían alejado y decidido no seguir a Jesús. Enfrentado a la posibilidad de no ser fructífero evangelísticamente, Toye oró desesperadamente y se acordó de alguien llamado Robert con quien había estudiado la Biblia hacía 18 meses. Lo llamó por teléfono y la esposa de Robert contestó. Le dijo que Robert había estado hospitalizado por varios meses. Ese mismo día (un viernes), Toye visitó a Robert en el hospital. Estaba virtualmente parapléjico. Le habían hecho dos operaciones en el cuello y en la columna a raíz de un accidente automovilístico que casi le había costado la vida. Los doctores no estaban seguros de si volvería a caminar. Robert estalló en llanto cuando vio a Toye y le rogó que le enseñara cómo ser cristiano. Estudiaron intensamente por tres días. Robert todavía recordaba todas las cosas que Toye le había enseñado antes. Al tercer día, Robert fue cargado hasta el bautisterio, la noche del domingo de la Conferencia de Hombres. Toye bautizó a su amigo ese día, tal y como había orado, y ahora Robert es salvo. En las siguientes semanas, después de orar continuamente, su condición médica mejoró rápidamente. Hoy en día, Robert camina, conduce y escribe. Las oraciones agresivas de Toye cambiaron el destino eterno de Robert.

Orando a través de los obstáculos

Manju y Rani son dos hermanas de una familia muy tradicional, que viven juntas en Pune, India. Cuando estudiaron la Biblia y se hicieron cristianas, los miembros de la familia se molestaron mucho. Pero estas hermanas tenían convicciones muy fuertes. Fueron a todas las reuniones de la iglesia y salieron a compartir su fe con otros discípulos. Su padre volvía borracho a casa todas las noches, así que comenzaron a orar para que su padre dejara el hábito de beber. Cuando su padre estaba sobrio, Manju y Rani compartían con él las Escrituras que habían estudiado en la iglesia. Su madre vio que su fe era real, y comenzó a simpatizar con ella.

Después de dos años de compartir la Biblia regularmente con su padre, él empezó a cambiar. Dejó de beber y hasta comenzó a ir a la iglesia. Pero todavía la actitud de ellas hacia Dios era: "No te dejaremos ir hasta que nos bendigas". Unos meses más tarde, sus padres, Mahadu y Vasanthi, estudiaron la Biblia ¡y se hicieron cristianos! Ahora, sus padres se levantan a las 4.00 a.m. a orar y ¡están eternamente agradecidos con sus hijas por perseverar en la oración!

Orando en las horas finales

Hace varios años lideramos la iglesia en Kansas City. David Petty estaba muriendo de cáncer en Wichita, Kansas. Su esposa, Laura, era una joven discípula con dos niños pequeños. La iglesia aún no había llegado a Wichita, sólo había un grupo de diecisiete discípulos fieles. Muchos habían orado por David, pero su corazón había sido muy orgulloso. Sin embargo, mientras el cáncer consumía su cuerpo, su corazón se iba ablandando. Oramos y ayunamos más, y él aceptó estudiar la Biblia.

Años de adicción al pecado habían endurecido su corazón; sin embargo, Laura nunca había dejado de orar por él. Laura y las oraciones agresivas de la iglesia de Wichita movieron el corazón de Dios. David Petty fue bautizado en Cristo y pocas semanas después fue a unirse a Dios.

Ahora, nueve años más tarde, Laura es una discípula fuerte en la iglesia de Wichita. Se casó de nuevo, felizmente, con Jeff Hattendorf. Jenna y Shelby, las hijas de Laura, están extremadamente felices porque Dios les ha dado un nuevo papá que las ama mucho.

Orando por años

En diciembre de 1986, el equipo misionero de Bangalore llegó a la India para un internado de aprendizaje del idioma de dos meses de duración. Éramos un grupo de locos inexpertos con mucha fe y creatividad. El 28 de diciembre, Douglas Cruz y yo estábamos evangelizando juntos e invitamos a un joven llamado John Emmanuel. Respondió de manera muy positiva inmediatamente. Estudiamos la Biblia juntos y unas tres semanas más tarde se bautizó en Cristo –¡uno de los primeros convertidos del movimiento de Dios en la India!–.

A principios de febrero de 1987 el equipo tuvo que regresar a Londres para más entrenamiento, así que dejamos a John y otros tres conversos con la promesa de que regresaríamos. Once meses más tarde volvimos a plantar la iglesia y John seguía fiel. Comenzamos una charla bíblica que produjo mucho fruto, en su casa. Lamentablemente, seis meses más tarde, John se desanimó y abandonó al Señor. Todos estábamos descorazonados. Era un hombre tan amable y gentil y nos había ayudado mucho.

Aunque John se alejó de Dios, Dios nunca lo olvidó, y nosotros tampoco. Frecuentemente lo mencionaba en mis oraciones y por años le escribí tarjetas. El 30 de septiembre de 1993, John estaba en Solapur, Maharashtra, en medio de un terremoto (7.6 en la escala de Richter). Diez mil personas murieron, decenas de miles quedaron sin hogar. Pero el poblado de John se salvó a pesar de que los pueblos vecinos fueron destruidos. Esto lo hizo pensar verdaderamente en Dios. John dijo: "Esa noche salí de mi casa y el polvo flotaba en el aire como si fuera el resultado de la explosión de una bomba atómica. El suelo temblaba", pero aun así no regresó a Dios. Se casó, tuvo hijos y siguió adelante con su vida; pero nunca pudimos olvidarlo.

Finalmente, en el verano de 1999, seis años después del terremoto, John comenzó a trabajar en Bombay con un joven llamado Daniel. Este hombre no estaba abierto al cristianismo, pero había estado en la iglesia y había estudiado la Biblia con los hermanos. No quería cambiar su vida, así que llevó a John Emmanuel a los hermanos para demostrarles que "no todas las personas de su iglesia estaban comprometidas". Sin embargo, cuando John conoció a los hermanos, supo que era hora de cambiar, para sorpresa de Daniel. Estudió la Biblia, se restauró, y ahora su esposa está viniendo a la iglesia. Está extremadamente feliz. Durante todos esos años que parecía que Dios "estaba haciendo nada" en respuesta a nuestras oraciones y cartas a John, el Espíritu Santo estaba trabajando en su vida. Al final, ¡once años de oraciones agresivas valieron la pena! La Región Este de la iglesia de Bangalore, que comenzó con un discípulo, John, hace doce años, ¡ahora tiene 250 miembros!

Luchando en la oración

Hay un ángel que está esperando para luchar contigo. Hay un hombre hambriento afuera que necesita ser alimentado. Hay una viuda que necesita justicia. Hay ciudades a punto de ser destruidas. Es tiempo de ser agresivos en nuestras oraciones, en lugar de ser agresivos en nuestras relaciones. Como dice Santiago: *"Riñen y se hacen la guerra. No tienen, porque no piden".* Todo lo que tenemos que hacer es orar como lo hizo Jacob: *"¡No te soltaré hasta que me bendigas!".*

HACIENDO INVENTARIO

1. *¿Cómo te sientes acerca de las oraciones agresivas? ¿Qué característica de tu carácter revela tu respuesta?*

2. *¿Cuál es la oración más agresiva que has tenido desde que eres un discípulo? ¿Ya ha sido respondida?*

3. *¿Por qué cosas has dejado de orar? ¿Por qué? ¿Cómo vas a cambiar?*

16

Oración creativa

Así dice el Señor:
"¡Maldito el hombre que confía en el hombre!
¡Maldito el que se apoya en su propia fuerza
y aparta su corazón del Señor!
Será como una zarza en el desierto: no se dará
cuenta cuando llegue el bien.
Morará en la sequedad del desierto,
en tierras de sal, donde nadie habita.
Bendito el hombre que confía en el Señor,
y pone su confianza en él.
Será como un árbol plantado junto al agua,
que extiende sus raíces hacia la corriente;
no teme que llegue el calor,
y sus hojas están siempre verdes.
En época de sequía no se angustia,
y nunca dejará de dar fruto."

Jeremías 17:5-8

En esta escritura, Jeremías describió dos tipos de vida espiritual. La vida de un hombre es seca y vacía, y depende de la carne humana para su fuerza. La vida del otro hombre es como *"un árbol plantado junto al agua"*. Él es el *"Hombre del Salmo Primero"*, fructífero y próspero (Salmo 1:3).

Mantenlo fresco

La creatividad hace una gran diferencia en nuestra relación con Dios. Debemos estar abiertos a formas de mantener fresca nuestra relación con Dios, o nuestras oraciones se convertirán en un ejemplo más del esfuerzo humano en nuestras vidas. ¿Cómo podemos mantener fresca nuestra relación con Dios? Si estás buscando una fórmula, no la vas a encontrar aquí. La verdadera naturaleza de la creatividad es que no puede ser definida por una lista de cosas o por un conjunto de leyes. Viene del corazón. Viene cuando hacemos un esfuerzo. La creatividad surge cuando todavía estamos enamorados de Dios. En Apocalipsis 2:2-5, Dios reprende a la iglesia en Éfeso:

"Conozco tus obras, tu duro trabajo y tu perseverancia.
Sé que no puedes soportar a los malvados, y que has puesto
a prueba a los que dicen ser apóstoles pero no lo son;
y has descubierto que son falsos. Has perseverado
y has sufrido por mi nombre sin desanimarte.
Sin embargo, tengo en tu contra que has abandonado
tu primer amor. ¡Recuerda de dónde has caído! Arrepiéntete
y vuelve a practicar las obras que hacías al principio.
Si no te arrepientes, iré y quitaré de su lugar tu candelabro."

Los efesios estaban trabajando duramente. Perseveraban. Eran intolerantes al pecado. Habían pasado por situaciones difíciles. No se habían cansado de seguir a Jesús. Pero ya no estaban enamorados de Dios. Habían perdido el amor que tenían al principio, así que Jesús les dijo que hicieran lo que hacían al principio. Haz lo que solías hacer cuando eras un joven cristiano. ¡Vuélvete loco por Dios! No te quedes atorado en una zanja.

Por ejemplo, recuerdo a Ron Drabot cuando compartía cómo tenía "citas" con Dios o "cereal con el Señor". De verdad me inspiró. Así como una relación romántica necesita de ese toque especial para mantener viva la chispa del amor, de igual forma nuestro caminar con Dios necesita creatividad.

Como Dios no es un legalista que busca fórmulas, una cosa muy sencilla que puedes hacer es variar la posición que adoptas cuando oras. Puedes tratar diferentes posiciones: arrodillado, con las manos levantadas, bailando, corriendo, saltando, nadando, caminando por el parque, comiendo y bebiendo con Dios. Considera algunos ejemplos de la Biblia:

1. En Éxodo 17:11-12 (véase también Éxodo 9:29), Moisés oró a Dios con los brazos en alto.

2. En 2 Reyes 4:33-34, Elías oró mientras estaba acostado sobre el cuerpo del niño muerto.

3. En 2 Samuel 6:14, David bailó frente al Señor.

4. En Apocalipsis 1:17, Juan quedó postrado.

5. En Mateo 14:23-25, Jesús caminó sobre el agua mientras oraba.

6. En Daniel 6:10, Daniel se puso de rodillas para orar.

Definitivamente, el corazón de Dios se mueve con la oración creativa. En 2 Reyes 19, Ezequías tuvo que enfrentarse a los poderosos ejércitos de Asiria. Habían destruido todo lo que estaba en su camino. Le mandaron una carta amenazadora en la que le decían que Jerusalén iba a ser su última conquista. Así que se rasgó las ropas y entró en el templo del Señor (v. 1). Puso la carta ante Dios y oró por lo que allí decía (vv. 14-19). Alabó a Dios. Rogó a Dios. Su oración vino del corazón; no fue un ritual. Y Dios salvó a Israel enviando un ángel que destruyó ¡185.000 soldados asirios en una noche! (2 Reyes 19:35-37).

Manteniendo el paso

Me acuerdo cuando, una mañana de abril de 1993, Mark Pichamuthu, uno de los evangelistas en Nueva Delhi, y yo salimos a compartir el evangelio con las almas perdidas. Oramos porque Dios nos llevara a almas abiertas ese día. Estábamos decididos a mantener fresco el caminar con Dios, y a no hacerlo algo legalista. Compartimos nuestra fe en un centro financiero, orando y caminando por los pasillos del centro. Decidí ir a donde el Espíritu Santo me llevara –independientemente de adonde fuera–. En un punto, me sentí atraído por un pasillo estrecho donde cuatro hombres hablaban entre sí. Oré y les hablé. Uno de ellos se interesó en hablar conmigo. Su nombre era Raj Kumar, y me dio su dirección. Ese mismo día vino a una charla bíblica en mi casa. Dos semanas más tarde se bautizó. Ahora, seis años más tarde, está felizmente casado y es un líder en la iglesia de Nueva Delhi.

Más tarde, esa mañana aún seguíamos orando por fruto. Vi a un hombre amigable que atravesaba la plaza del centro financiero. Hablé con él y me dio su número de teléfono. Tenía la convicción de que estaba abierto. Esa semana salí de la ciudad y él fue a la iglesia ese domingo. Pero nunca más volvió después de esa vez, y me di por vencido. Unos nueve meses más tarde estaba orando y me acordé de ese hombre amigable, Sushil Panna. Lo llamé a su trabajo y estaba feliz de hablar conmigo. Vino a la iglesia y en enero de 1994 se bautizó.

Nuestra oración de la mañana y nuestra evangelización nos llevaron a dos almas maravillosas que ahora son ¡poderosos líderes del Reino de Dios! Cuando nuestros corazones desean ser creativos en nuestro caminar con Dios, Él bendice nuestros esfuerzos ¡mucho más de lo que podamos pedir o imaginar!

La lista de Bangladesh

Como escribí anteriormente, fuimos a Bangladesh durante la guerra civil de 1996 para comenzar la iglesia allá. Antes de ir, pensamos en Ezequías. El reto que teníamos por delante era inmenso; no contábamos con un equipo misionero, nadie podía hablar el idioma, y la nación atravesaba por una revuelta política y económica. En una pequeña hoja de papel escribimos los números del uno al once. En primer lugar estaba un lugar para reunirnos. El día que llegamos nos enteramos de que el lugar que habíamos reservado no podía ser utilizado, así que no teníamos un salón para reunirnos. El único artículo de la lista que parecía estar cumplido ¡se había cancelado! En segundo lugar estaba un sitio para que viviera el equipo misionero. En una nación musulmana, los hoteles se asocian con comportamiento pecaminoso, así que era esencial que rápidamente consiguiéramos una casa que sirviera de base al equipo misionero. Sin embargo, esto no era fácil en una nación que se hallaba en huelga total, ya que no había ningún agente inmobiliario trabajando.

El número tres en la lista era encontrar un sitio donde bautizar a las personas. Esta puede ser una tarea bien retante en una nación musulmana donde las conversiones están prohibidas y no se consiguen tanques de plástico. Del número cuatro al número once estaban en blanco. ¡Eran los nombres de nuestro equipo misionero! Le pedimos a Dios que pudiéramos conocer a ocho personas para el 31 de marzo de 1996 (en veintiún días), quienes para entonces deberían estar bautizados o a punto de ser bautizados.

Cada día, durante nuestros devocionales de la mañana, poníamos la lista ante Dios, así como hizo Ezequías. Le pedimos que la llenara. Llevábamos una copia con nosotros. Y una por una vimos cómo Dios respondió nuestras oraciones. Ese martes, al día siguiente de nuestra llegada, le pedimos a Dios que para el mediodía nos diera un salón para reunirnos. Tres días más tarde tuvimos nuestro primer servicio de la iglesia. Nosotros cinco tuvimos una asistencia de cincuenta y un personas en la iglesia, en medio de una guerra civil, sin que funcionaran los autobuses o los vehículos y con todo el mundo de huelga. ¡Dios había contestado nuestras oraciones!

En dos semanas conseguimos un apartamento excelente para que vivieran Moisés y Mamta, el que usamos sin problemas por más de tres años.

El punto tres de nuestra lista, el bautisterio, fue difícil de conseguir. Fuimos a un depósito de suministros industriales, y allí conseguimos un tambor viejo que se usaba para almacenar químicos. Nos lo vendieron y nos lo lavaron, y tuvimos un bautisterio. Nuestras oraciones más importantes eran para encontrar almas abiertas. Nuestro equipo misionero no tenía a nadie natural de Bangladesh. Estábamos desesperados por encontrar a locales que quisieran ayudarnos. Años antes, en Nueva Delhi, mientras oraba, me había detenido y había invitado a un joven a la iglesia. Resultó ser originario de Bangladesh, de antecedentes cristianos, y quien estaba en la ciudad para que su esposa se sometiera a una intervención quirúrgica. Edward fue a la iglesia en Delhi, y nos escribimos con regularidad.

Cuando llegamos a Bangladesh, Edward estaba listo para ayudarnos. A finales de las primeras tres semanas, él y su esposa habían sido bautizados, al igual que su sobrino y otro joven. Además de ellos cuatro, a fines de marzo había otras cinco personas estudiando la Biblia que se bautizaron en los meses siguientes. ¡Dios nos había dado todo lo que estaba en nuestra lista! Creo que se sintió movido por nuestras oraciones creativas y por nuestros esfuerzos creativos para ver que esas oraciones se hicieran realidad.

Levantando brazos sagrados

Uno de los evangelistas en Bangalore verdaderamente me inspiró por su vida de oración tan creativa. Saji Joseph fue uno de los primeros hombres bautizados por Dinesh George en la iglesia de Cochin, Kelala, en 1992. Más tarde se casó con una mujer increíble llamada Sonia y pasó a ser parte del personal ministerial de Bangalore. En marzo de 1999, Saji sintió en su corazón que necesitaba acercarse más a Dios. Se inspiró en el mensaje de otros líderes acerca del poder de la oración. En este mensaje, el hermano señaló cómo Moisés oró en Éxodo 17:9-14 mientras elevaba sus brazos, y Dios dio la victoria a los israelitas. Saji quería imitar a Moisés, así que decidió orar durante veinticuatro horas con los brazos en alto. Saji sabía que esto sería un reto fuerte. Luego nos compartió que "estaba un poco asustado por la tarea, porque sabía el dolor que iba a sufrir. Comencé a pensar científicamente que la sangre dejaría de circular por mis brazos, que las articulaciones de mis hombros se debilitarían, etc. Pero saqué valor del ejemplo de Moisés y decidí hacerlo". Saji preparó un horario de oración, en el que incluyó por qué orar y con quién orar. Comenzó a orar el 19 de marzo de 1999 a las 11.00 p.m. Hermanos de su ministerio fueron a verlo en turnos de 45 minutos para sostenerle los brazos en alto.

Saji fue muy creativo en su oración. Alabó a Dios, agradeció a Dios, confesó sus pecados, oró con los Salmos, le cantó a Dios canciones espirituales, y oró por todos los discípulos de la iglesia. Oró por todas las iglesias del sur de Asia y por sus líderes, por todo el trabajo para los pobres, por todas las iglesias del mundo (una por una) y por toda su familia. También oró por todo el personal de las iglesias del sur de Asia, por los líderes de las iglesias en todo el mundo, por muchos milagros específicos y por mucho fruto. Luego Saji nos dijo:

"Estoy muy agradecido con todos los discípulos que mantuvieron mis brazos en alto. Después de tres horas mis brazos se pusieron fríos e insensibles. Después de siete horas comencé a sentir que me habían cortado los brazos. Muchos cristianos jóvenes y débiles vinieron a ayudarme en la oración y a sujetar mis brazos. Tanto ellos como yo estuvimos muy inspirados. Al finalizar las veinticuatro horas estaba cansado físicamente, pero cargado espiritualmente. Durante casi una semana no pude levantar los brazos o mover los hombros. Terminé de orar el 20 de marzo a las 12.00 p.m. Algunos días más tarde decidí orar por otras veinticuatro horas, pero esta vez sin levantar los brazos".

Al mes siguiente, Dios bendijo el ministerio de Saji (250 miembros) con 18 nuevas almas.

Manteniendo la guardia

La esposa de Saji, Sonia, era igualmente creativa y radical. Tenía varios años de ser discípula y había llevado a bautizarse en Cristo a siete mujeres a quienes ella personalmente había invitado a la iglesia. Sin embargo, cada una de ellas se había apartado del Señor y esto la había molestado mucho. Así que en septiembre de 1999 decidió "ayunar horas de sueño" por 100 horas, usando cada noche para orar a solas, toda la noche. Estaba desesperada por "fruto duradero" (Juan 15:16) y muy creativa en su forma de hacerlo, pidió la ayuda de Dios. Cada día Sonia se mantenía activa en su ministerio, enfocada en Dios. Cada noche oraba toda la noche. Cuando llegó a las sesenta horas estaba tan cansada que, de hecho, se quedó dormida durante quince minutos. Pero se despertó y continuó con su "ayuno". Leyó los Salmos, caminó, e hizo de todo para mantenerse despierta. Siguió haciendo esto por noventa horas, muy cerca de su objetivo, cuando se quedó dormida accidentalmente durante la noche.

Dios se sintió movido por la fe de Sonia. Unas semanas más tarde, cuando iba a animar a Alphonsamma, una discípula que estaba en cama, conoció a una joven maravillosa llamada Tara. Tara estudió la Biblia y tomó la decisión de seguir a Cristo en octubre, ¡y Sonia está completamente convencida de que nunca dejará a Dios!

Nuestras oraciones creativas mueven el corazón de Dios.

Dos o más

"Además les digo que si dos de ustedes en la tierra
se ponen de acuerdo sobre cualquier cosa que pidan,
les será concedido por mi Padre que está en el cielo. Porque
donde dos o tres se reúnen en mi nombre, allí estoy yo
en medio de ellos" (Mateo 18:19-20).

Cuando oro con Nadine (lo que es casi a diario –esto es algo que tenemos que cambiar: ¡debemos hacer que se convierta en un hábito diario!–), nos unimos más. Cuando el equipo misionero fue a Bangladesh y todos oramos juntos una hora al día, estábamos listos para cualquier cosa. A menudo oro con los hermanos que discipulo en Cristo. ¿Qué mejor forma de pasar el tiempo tienen los discípulos cuando están juntos? Orar con alguien te une más a esa persona. Las malas actitudes y pensamientos reservados desaparecen, y se estimula la creatividad.

¿Qué eres tú, una zarza o un árbol plantado a la orilla del agua? Esperamos que las Escrituras, este libro y los ejemplos que te hemos compartido te inspiren a enamorarte de Dios otra vez, a ser creativo y a ver cómo tus oraciones cobran una vida jamás vista. ¿Por qué no empiezas hoy?

HACIENDO INVENTARIO

1. *¿Cómo es tu vida de oración? ¿Es como un arbusto en un basurero, o es como un árbol frondoso plantado a la orilla del agua? ¿Cómo puedes saberlo?*

2. *Si tu vida de oración se ha estancado, déjame sugerirte algo: Ora durante una hora con un hermano o una hermana que esté fuerte en la fe. Recuerda que Jesús nos prometió estar entre nosotros cada vez que dos o más se reunieran (Mateo 18:19-20). Si Jesús está allí, ¡puedes estar seguro de que el tiempo de oración será magnífico!*

3. *Escoge o consigue una forma de orar creativamente y prográmala pronto.*

17

Lágrimas

"En los días de su vida mortal,
Jesús ofreció oraciones y súplicas con fuerte clamor
y lágrimas al que podía salvarlo de la muerte,
y fue escuchado por su reverente sumisión."

Hebreos 5:7

Jesús oró con gritos y lágrimas. Esto no sucedió solamente en el jardín de Getsemaní (Lucas 22:44), también *durante los días de su vida mortal*. Él lloró por Jerusalén (Lucas 19:41-44) pocos meses antes que miles se bautizaran allí el día de Pentecostés (Hechos 2:41). Sus oraciones eran apasionadas, llenas de emoción y de corazón. Y su Padre escuchó. El Dios que seca las lágrimas de nuestros ojos, responde a las oraciones de quienes lloran. Es rico en misericordia y compasión y es movido por nuestras lágrimas. Incluso aquí en la tierra, entre pecadores, hay algo en un niño que llora que mueve al más duro de los corazones.

Jesús lloró

En Juan 11, Jesús recibió la mala noticia de que su amigo Lázaro estaba enfermo en Betania (v. 3). Para cuando Jesús llegó allá, Lázaro ya tenía cuatro días de muerto (v. 17). Cuando María llegó a Jesús, le dijo las mismas palabras que su hermana Marta había dicho: *"Señor, si hubieras estado aquí, mi hermano no habría muerto"* (vv. 22, 32); pero a diferencia de Marta, María estaba llorando. Y Jesús se sintió conmovido. Juan 11:33 dice: *"Al ver llorar a María y a los judíos que la habían acompañado, Jesús se turbó y se conmovió profundamente"*. Inmediatamente quiso hacer algo para ayudar (v. 34). Sus lágrimas movieron su corazón. Él mismo lloró (v. 35). Fue a la tumba y dijo una simple y ferviente oración, ordenándole a Lázaro que saliera (vv. 41-43). Y el hombre muerto caminó fuera de la tumba (v. 44).

Nunca debemos subestimar el poder de nuestras lágrimas cuando oramos. La diferencia entre Marta y María en esta escritura es que María lloró. Marta amaba a su hermano, pero fueron las lágrimas de María (las de sus amigos) las que movieron el corazón de Jesús y el corazón de Dios. De igual modo, Jesús se sintió conmovido por la viuda de Naín (Lucas 7:11-19), y vio cuánto amaba Jairo a su hija (Marcos 5:21-24, 36-43). Él actuó por sus lágrimas ¡resucitando a sus seres queridos! También, en el Antiguo Testamento, a Ezequías le dijeron que iba a morir. Pero oró con lágrimas, y Dios vio sus lágrimas y escuchó su oración, y le dio quince años más de vida (2 Reyes 20:1-6).

Dios ve cada lágrima que derramamos. Y cuando lloramos al orar, tocamos su corazón. Como lo dice el Salmo 126:5-6:

"El que con lágrimas siembra,
con regocijo cosecha.
El que llorando esparce la semilla,
cantando recoge sus gavillas".

Las lágrimas de los padres

En el verano de 1992 nos hallábamos en Nueva Delhi dirigiendo la iglesia, y Nadine estaba embarazada de nuestro segundo hijo. Ya había tenido una pérdida en 1991 y estaba en el séptimo mes de embarazo. Una noche, salí con el grupo de internos a ver una película hindú, y dejé a Nadine en casa para que descansara. Cuando regresé, la encontré acostada de espalda llorando. Se había resbalado y se había caído mientras ordenaba el cuarto de Hannah, y no podía levantarse.

Una cantidad significativa de agua había salido de su útero. La ayudé a levantarse y llamé a un taxi para que nos llevara al hospital, a pesar de que el cuidado de bebés prematuros casi no existía en la India en aquel entonces. Mientras esperábamos el taxi, me arrodillé y dirigí a Dios una oración sencilla, llorando por la vida de nuestro hijo en el vientre de Nadine. Reafirmé mi compromiso con Dios de entregarle a Lucas todos los días de su vida. Nadine también le rogó a Dios con pasión que salvara a nuestro hijo.

Llegamos al hospital y pusieron a Nadine en observación por varios días. A pesar de que pensábamos que había roto fuente, de alguna forma logró completar los nueve meses de embarazo. Lucas nació feliz y saludable el 21 de agosto de 1992. Estoy seguro de que ese día Dios vio las lágrimas de sus desesperados servidores.

Las lágrimas de una hija

Samantha Devadas se hizo discípula en 1988. Desde el día de su bautismo tenía en su corazón traer a sus padres a Jesucristo. Ella oraba a diario, a veces con gritos y llanto, para que Dios salvara a su familia. Por muchos años no hubo ningún progreso. Pero Dios había visto sus lágrimas. Siete años y medio más tarde Dios contestó sus oraciones cuando su madre, Lizzie Devadas, se bautizó. En los siguientes seis meses, su padre, John Devadas, se hizo cristiano, y su abuela, Sarah Luke, también se salvó. Dios ve las lágrimas de su pueblo.

Lágrimas de desesperación

Jolly creció en Kerala, India. Había amado a Jesús desde su infancia, pero siempre supo que algo faltaba en su vida. Pensaba que sólo los santos de las antiguas leyendas podían ser verdaderamente sagrados. Mientras hacía su entrenamiento como enfermera, se vio expuesta a la crueldad y a la maldad de este mundo al tener que ver personas heridas en el hospital, quienes a menudo habían sido abusadas por sus propios familiares. Ella decidió hacer la diferencia ocupándose sólo de una persona. Jolly comenzó a cuidar a una señora que había tenido una vida muy dura llena de muchas penurias. Pero sin Dios, la amistad se volvió inmoralidad. Jolly sabía que había pecado, y fue a los templos hindúes en busca de Dios. Pero los ídolos de allí no la inspiraron. Oró a María, pero todavía algo faltaba en su vida. Cada día se desesperaba más en su búsqueda de Dios, y hasta tomaba tiempo de su trabajo para ir a iglesias y orar. Finalmente, en completa desesperación, oró y ayunó por cuatro días continuos, sin agua y comida, gritando "Dios, si estás allí, por favor muéstrame el camino correcto". Habló con sacerdotes y leyó libros sagrados, pero todavía no había respuesta; a pesar de que estaba orando cada vez con más desesperación. Entonces, un día, en una mesa de la unidad de cuidados intensivos donde trabajaba, Jolly encontró una invitación de la Iglesia de Cristo en Delhi. Jolly explicó: "Me di cuenta de que esta invitación era la respuesta a mis oraciones. Fui con una amiga al sitio que indicaba la tarjeta. Vi a las personas amándose y preocupándose las unas por las otras. Dios nos puede dar mucho más de lo que pedimos o imaginamos".

Dios vio todas sus lágrimas, y ella se hizo cristiana. Ahora, nueve años más tarde, Jolly está felizmente casada con Saji Geevarghese; tienen tres niños y realizan proyectos para ayudar a los pobres, sirviendo a los niños, a los prisioneros y a los habitantes de los barrios pobres de Bombay, India.

Las lágrimas de un hombre joven

Fred Scott se bautizó en Cristo en noviembre de 1984. Era un joven fiel y celoso de Dios, con un futuro brillante en el Reino de Dios. En el otoño de 1985 sintió una protuberancia en su rodilla. Cuando fue al médico, los doctores descubrieron que Fred tenía sarcoma osteogénico avanzado (cáncer en los huesos). En cuestión de semanas, el mundo de Fred había dado un vuelco total. Soportó una cadena interminable de quimioterapia y visitas al hospital. Le hicieron rayos X, punciones y biopsias, y lo enfrentaron con el hecho de que moriría joven. Fue hospitalizado, y perdió el cabello mientras yacía en un cuarto donde la mayoría de los pacientes a su alrededor morían uno por uno. La mayoría de nosotros en la joven Iglesia de Cristo en Londres lo visitamos. Dirigidos por Douglas Arthur, muchos oraron por este joven tan especial con gritos y lágrimas. Pero seguro que quien oró con más pasión fue Fred. Voy a dejar que Fred les cuente la historia con sus propias palabras:

"Había sido cristiano casi un año cuando una visita al médico arrojó resultados sorprendentes; una radiografía de mi pierna izquierda reveló un tumor óseo algo grande y sospechoso en el área de la rótula. Pensé que el galeno estaba bromeando cuando con su mirada preocupada me habló de las posibles implicaciones (cirugía, amputación, etc.). Le expliqué que, como aspirante a líder de charla

bíblica de mi iglesia, no tenía tiempo para tales cosas y que ¡estas cosas no le pasaban a alguien de veinticuatro años!

Me dijeron que me presentara en el hospital el domingo siguiente en la noche, después del fin de semana. Obtuve del doctor el permiso para asistir al retiro de estudiantes de la iglesia de Londres, siempre y cuando ingresara el domingo para hacerme una biopsia y otros exámenes el lunes en la mañana.

El fin de semana se caracterizó por muchas emociones, desde negaciones hasta temor. Una noche, en el retiro, Chris McGrath (mi discipulador y mejor amigo, quien ahora lidera la iglesia en Detroit) y yo nos paramos frente al lago y le abrimos nuestros corazones a Dios con gritos y lágrimas acerca de la situación. No quería enfrentar el futuro y sus subsecuentes cambios médicos sin Dios. Cualquier otro (aparte de Dios) que nos escuchó esa noche, puede atestiguar que la tristeza, la lucha, la resignación y la alabanza y agradecimiento del final ¡sólo podían venir del corazón de alguien muy preocupado y angustiado!

Para mí, los siguientes días, semanas y meses fueron una dura prueba de fe cuando se descubrió que tenía sarcoma osteogénico, una forma agresiva y generalmente fatal de cáncer óseo. La cirugía radicalmente mutiladora fue seguida de meses de desagradable quimioterapia. Es necesario recuperarse de la etapa '¿por qué a mí?' rápido, si quieres sobrevivir al tratamiento. No me faltaron compañeros de oración dispuestos a visitarme y encontrar un lugarcito donde orar en los tristes pasillos y escaleras del hospital. A menudo había lágrimas; si iba a morir, que parecía ser el final más natural, quería que Dios me usara para tocar los corazones de mi familia y de mis amigos como fuera necesario a fin de llegar a ellos.

Una noche, Doug Arthur me preguntó 'Fred, ¿estás listo para morir?'. Honestamente puedo decir que la respuesta fue sí. La desesperación te acerca a Dios y terminas queriendo estar con Él más que cualquier otra cosa en el mundo. Mi oración se tornó simple: 'Dios, si me vas a dejar vivir, deja que mi vida cuente para tu Reino. Haré cualquier cosa que me pidas que haga dentro de mi capacidad, y sé que tú harás la diferencia que falte' ".

Las semanas se volvieron meses, pero las oraciones, con lágrimas, nunca cesaron. Y Dios hizo un milagro en la vida de

Fred. Para gran ánimo y sorpresa de los doctores, el cáncer entró en remisión. Fred comenzó a curarse. Ya han pasado catorce años y Fred todavía está agradecido por cada día que Dios le da. El cáncer no ha regresado. Fred está casado con Emma y tienen dos niños encantadores: Lily y Jack. Fred es líder del sector geográfico para las iglesias del Reino Unido y un poderoso evangelista en la gran iglesia de Londres, que alguna vez oró por su vida. Él y su esposa Emma son muy especiales para Nadine y para mí, y para muchos otros.

Dios escogió salvar la vida de Fred. No pudo ignorar las muchas lágrimas derramadas por hermanos y hermanas al orar por Fred. Hay ocasiones en que lloramos, pero Dios no contesta nuestras oraciones como nos gustaría. Debemos orar según su voluntad (1 Juan 5:14), y a veces lo que Dios quiere hacer no es lo que nosotros queremos que haga. El mismo Jesús no pudo salvar su vida al orar en el jardín de Getsemaní. No siempre podemos entender lo que Dios está haciendo en nuestras vidas. Pero estoy seguro de algo: Cuando lloramos, movemos el corazón de Dios. Lo hace que desee ayudarnos. Lo prepara para hacer milagros. Abre el poder del cielo.

Oraciones apasionadas

El hijo especial de unos buenos amigos de Eliseo murió (2 Reyes 4). Cuando la madre del niño pidió la ayuda de Eliseo, el sirviente de éste, Guehazí, corrió adelante y cumplió con las instrucciones de Eliseo, pero no hubo ninguna reacción en el muchacho (v. 31). Él hizo todos los movimientos, pero no había corazón, no había pasión. Sin embargo, cuando Eliseo vio al niño, fue apasionado. Oró y se acostó sobre el niño, boca con boca, ojos con ojos, manos con manos (v. 34). Y Dios resucitó al niño (v. 35). Cuando somos apasionados como Eliseo, movemos el corazón de Dios.

Qué tragedia cuando vemos una necesidad urgente, pero oramos sin pasión. Qué triste que no podamos llorar cuando vivimos en un mundo lleno de dolor. Nuestro Señor pasó por este mundo llorando por el dolor de aquellos que le rodeaban. En Romanos 9:2, Pablo dijo, *"Me invade una gran tristeza y me embarga un continuo dolor"*, porque su pueblo, los judíos, estaban perdidos.

Dios quiere contestarte cuando le oras. Pero a lo mejor está esperando por una lágrima, por alguna señal de que estás sintiendo profundamente. Quiere que le grites con pasión, no que murmures un ritual. He oído a Kip McKean decir:"Nuestros bautisterios deberían llenarse con las lágrimas de nuestros miembros. Lágrimas por las almas perdidas". Digo amén a eso. Nuestras lágrimas mueven el corazón de Dios. ¡Oremos con pasión y veamos a nuestro mundo cambiar!

HACIENDO INVENTARIO

1. *¿Cuándo fue la última vez que, en tus oraciones, lloraste por alguien que no fueras tú mismo?*

2. *Tal vez necesitas estar más en contacto con tus emociones. Escribir cómo te sientes acerca de las diferentes áreas de tu vida es una buena forma de mantener el contacto.*

3. *Pregúntale a tus amigos por las respuestas a las oraciones cuando han llorado. Piensa en las tuyas. ¿Qué te enseñan acerca del carácter de Dios?*

Epílogo

Como he escrito en este libro, me he convencido profundamente de mis propias fallas en mi caminar con Dios. Estoy muy deseoso de llevarlo a un nivel más alto, a crecer y cambiar. Ese es el deseo que tengo para ti también. Quiero que termines este libro con una imagen mucho mejor de Dios. Quiero que lo veas como Isaías lo vio, como Jesús lo vio. Quiero que experimentes un cambio radical en tu caminar con Dios, así como lo hizo Enoc a la edad de sesenta y cinco años.

Nuestro Dios es un Dios que corre por los campos por nosotros. Se arrastra por las alcantarillas por nosotros. Abre sus brazos para abrazarnos. Nos lleva en sus brazos. Seca nuestras lágrimas cuando lloramos. Nos atesora como joyas. Nos canta. Es un Dios santo y maravilloso, como una llama que consume. Es más poderoso de lo que podemos imaginar. Nos está preparando un lugar en el cielo. Yo quiero conocer a este Dios. Yo quiero que conozcas a este Dios. Quiero que mi familia y mis amigos conozcan a este Dios. ¡Quiero que todo el mundo conozca a este Dios!

Somos llamados a caminar en los pasos de Jesús. Una relación con Dios no es un acto egoísta y que se enfoca hacia uno mismo, sino la expresión de un hombre recto que desea cambiar el mundo. Proverbios 15:29 nos dice: *"El Señor se mantiene lejos de los impíos, pero oye las oraciones de los justos"*. Como dijo Santiago: *"La oración del **justo** es poderosa y eficaz"* (Santiago 5:16; énfasis por el autor). Creo en esto con todo mi corazón. Oro porque aprendas a orar con impacto, usando algunas de las ideas de la segunda parte de este libro (en su versión en inglés):

I   *Intimate Prayer* (Oración íntima)

M   *Mighty Prayer* (Oración poderosa)

P   *Praise and Thanksgiving* (Alabanza y agradecimiento)

A   *Aggressive Prayer* (Oración agresiva)

C   *Creative Prayer* (Oración creativa)

T   *Tears* (Lágrimas)

Oro porque los ejemplos en este libro te den fe. Oro porque abras los ojos y veas los milagros a tu alrededor. Oro porque tu familia (¡y la mía!) vengan a Cristo. Oro porque todos tus sueños se hagan realidad. ¡Caminemos juntos con Dios y cambiemos nuestro mundo en esta generación!

Apéndice I

CUANDO DIOS DICE "NO"

"Para evitar que me volviera presumido
por estas sublimes revelaciones, una espina me fue clavada en el
cuerpo, es decir, un mensajero de Satanás, para que me
atormentara. Tres veces le rogué al Señor que me la quitara;
pero él me dijo: 'Te basta con mi gracia, pues mi poder se
perfecciona en la debilidad'. Por lo tanto, gustosamente haré más
bien alarde de mis debilidades, para que permanezca sobre mí el
poder de Cristo. Por eso me regocijo en debilidades, insultos,
privaciones, persecuciones y dificultades que sufro por Cristo;
porque cuando soy débil, entonces soy fuerte."

2 Corintios 12:7-10

En algunos de los momentos más difíciles de nuestra vida, clamamos al Señor. Le rogamos. Perseveramos. Creemos. Lloramos. Drenamos nuestra vida de pecados. Y, sin embargo, Él no contesta. Como Pablo, rogamos por la sanación. Pero la respuesta que recibimos es "no" o "espera". Estamos en el funeral de los que amamos, preguntándonos "¿por qué?". Nos duele cuando la gente se aleja de Dios. Nuestros sueños desaparecen, los matrimonios se disuelven, las puertas se cierran. Pero oramos con todo nuestro corazón. Y nos preguntamos "¿dónde está el Señor?", o nos preguntamos si de verdad nos ama.

En buena compañía

Cuando Dios no contesta nuestras oraciones, al menos no como esperamos, ¿qué debemos sentir? Antes que nada, debemos recordar que estamos en buena compañía. Pablo no fue el único en la Biblia que le rogó a Dios para encontrarse con que no tenía respuestas. En Números 12:7-8, Dios llama a Moisés *"fiel en toda mi casa"* y unos años más tarde, cuando la hermana de Moisés, Miriam, tiene lepra, Dios se rehúsa a sanarla (Números 12:11-15).

En Deuteronomio 3:23-28, Moisés hace referencia a otra oportunidad cuando Dios se rehusó a darle lo que estaba pidiendo. En 2 Samuel 12:16-18, David ayunó y le rogó a Dios por la vida de su hijo enfermo, pero el niño murió. Tanto en 2 Samuel 21:14 como en 24:25 dice que hubo un momento cuando Dios, de nuevo, contestó una oración "a favor de la tierra", lo que implicaba que no había respondido hasta ese momento. El salmista escribió, *"¿Hasta cuándo, Señor, Dios Todopoderoso, arderá tu ira contra las oraciones de mi pueblo?"* (Salmo 80:4).

Los profetas también clamaron a Dios, sólo para ver sin respuesta sus oraciones. En Jeremías 14:11-12, la escritura dice:

"Entonces el Señor me dijo:
'No ruegues por el bienestar de este pueblo. Aunque ayunen, no escucharé sus clamores; aunque me ofrezcan holocaustos y ofrendas de cereal, no los aceptaré. En verdad voy a exterminarlos con la espada, el hambre y la peste'".

En Jeremías 15:1, Dios dijo: *"Aunque Moisés y Samuel se presenten ante mí, no tendría compasión de este pueblo".* Habacuc dijo:

"¿Hasta cuándo, Señor, he de pedirte ayuda
sin que tú me escuches?
¿Hasta cuándo he de quejarme de la violencia
sin que tú nos salves?
¿Por qué me haces presenciar calamidades?
¿Por qué debo contemplar el sufrimiento?
Veo ante mis ojos destrucción y violencia;
surgen riñas y abundan las contiendas" (Habacuc 1:2-3).

En el Nuevo Testamento, de seguro que Juan El Bautista y sus discípulos oraron por la libertad de Juan, y sin embargo fue ejecutado por Herodes. Seguramente Jesús oró porque Judas permaneciera fiel, y sin embargo se alejó del Señor. De seguro que los hermanos y hermanas en Hechos 12 oraron no sólo por Pedro, sino también por Santiago, y sin embargo Santiago fue ejecutado mientras que a Pedro se le salvó la vida.

Por supuesto, tal vez el ejemplo más poderoso de lo que es una oración sin respuesta es la del Señor mismo, en el jardín de Getsemaní. Allí estaba él, profundamente preocupado y triste. Allí oró fervientemente toda la noche. Su sudor parecía gotas de sangre. Un ángel se le apareció y le dio fuerzas (Lucas 22:39-44), pero Dios no alejó de su presencia la copa del sufrimiento; todavía tenía que morir en la cruz. De hecho, su oración "sin respuesta" lo ayudó a aceptar la voluntad de Dios para su vida. Cuando salió de Getsemaní, estaba listo para morir. Pero en la cruz citó el Salmo 22 donde David dice:

> "Dios mío, Dios mío,
> ¿por qué me has abandonado?
> Lejos estás para salvarme,
> lejos de mis palabras de lamento.
> Dios mío, clamo de día y no me respondes;
> clamo de noche y no hallo reposo" (Salmo 22:1-2).

Cuando mis oraciones no son respondidas como yo espero, es un consuelo poder ver que Dios no respondió afirmativamente a las oraciones de Jesús y a las de otros grandes hombres de Dios. ¡Al menos estoy bien acompañado!

Todas estas personas amaban a Dios. Algunas tenían pecados en sus vidas. Algunas estaban orando por personas con pecado en sus vidas. Algunas, incluyendo a Jesús, estaban pidiendo por cosas que no estaban dentro de la voluntad de Dios (1 Juan 5:14 dice que si pedimos según la voluntad de Dios, Él nos oirá). Pero no hay explicaciones claras para la mayoría de estas oraciones.

¿Por qué Dios dice "no"?

Tenemos que entender que hay ocasiones cuando Dios no contesta nuestras oraciones porque aceptamos el pecado en nuestro corazón. No estoy hablando de tentación, todos somos tentados. No estoy hablando de debilidad de carácter o de pecados como el egoísmo, el orgullo, la pereza y la impaciencia, en los que caemos y de los que luego nos arrepentimos. A lo que me refiero es que las Escrituras nos enseñan que Dios no escuchará nuestras oraciones si continuamente caemos en un comportamiento pecaminoso, dejando de confesar nuestros pecados o de cambiar, alimentando el pecado dentro de nuestro corazón (Salmo 66:17-19). Es muy probable que el hijo de David en Samuel 12, concebido por medio del adulterio con Betsabé, no fuera sanado por culpa del pecado en la vida de David. Si bien David se había arrepentido, su pecado todavía tuvo consecuencias y su hijo inocente falleció.

A veces Dios no contesta nuestras oraciones porque Él sabe más que nosotros qué es lo mejor para las personas por quienes estamos orando. Isaías 57:1 es un versículo sorprendente:

"El justo perece,
y a nadie le importa;
mueren tus siervos fieles,
y nadie comprende
que mueren los justos
a causa del mal".

A veces Dios puede permitir que mueran las personas que amamos para librarlas del sufrimiento o del mal; en otras ocasiones Él sabe que sus muertes, de alguna forma, beneficiarán a muchas otras personas, y por eso permite que se los lleven (como su propio Hijo). Cuando estemos en la tumba de aquéllos que amamos preguntándonos por qué, recordemos esta escritura.

En otras oportunidades, Dios puede ver que las personas, o la iglesia, por quienes estamos orando no se arrepienten, y que sólo las dificultades los harán volverse a la verdad. Esto fue lo que Jeremías experimentó en Jeremías 14-15. Y hay ocasiones cuando la justicia de Dios no le permitirá concedernos una petición, como cuando rechazó la oración de Moisés por Miriam en Números 12.

Otro factor que debemos considerar cuando Dios no contesta nuestras peticiones es que tal vez seamos amigos del buen tiempo. Si sólo venimos a Él cuando lo necesitamos, pero lo pasamos por alto y dependemos de nosotros para todo lo demás, puede permitir que enfrentemos situaciones mucho más difíciles para enseñarnos a·depender de Él. Seguramente Pablo oró cuando comenzaron sus dificultades en Asia. Sin embargo, los problemas empeoraron hasta tal punto que Pablo y sus compañeros perdieron *"la esperanza de salir con vida"* (2 Corintios 1:8). Pero Pablo reconoció que *"eso sucedió para que no confiáramos en nosotros mismos sino en Dios, que resucita a los muertos"* (2 Corintios 1:9). Si Pablo tuvo que aprender esta lección, ¡de seguro nosotros también!

A veces nuestras oraciones no van con la voluntad de Dios (1 Juan 5:14). Tal vez no lo sepamos en el momento, pero Él tiene un plan infinitamente más grande que nuestra propia agenda. Pablo trató de predicar en Bitinia, pero Dios no le permitió que lo hiciera. Dios quería que él fuera a Macedonia (Hechos 16:6-10).

Seguro que Pablo había orado por sus planes, ¡pero Dios tenía otros planes! Muchas veces he visto a Dios bloquear mis planes e ideas para mi propio ministerio, ¡a fin de guiarme a sus planes!

Finalmente, debo añadir que no podemos esperar que Dios obedezca cada una de nuestras órdenes a pesar de que oremos correctamente. Cuando esperamos que nuestras oraciones, hechas de la forma correcta, produzcan milagros automáticamente, estamos tratando de ser Dios nosotros mismos, manipulando al Señor a hacer lo que queremos. En nuestros corazones siempre debemos recordar que Él es el Señor y nosotros somos sus sirvientes. Él puede hacer lo que quiera y, como Job, nosotros debemos inclinarnos y adorarlo. Cuando Job cuestionó a Dios, Dios le respondió preguntándole: *"¿Vas acaso a invalidar mi justicia? ¿Me harás quedar mal para que tú quedes bien?"* (Job 40:8). Debemos tener mucho cuidado de no enojar a Dios cuando no hace lo que deseamos. Podemos hablar con Él acerca de cómo nos sentimos, pero debemos rendirnos, entregarnos, como hizo Jesús en Getsemaní, aceptando su voluntad para nuestras vidas.

Dolor personal

Como todos los discípulos, he experimentado en el corazón el dolor que produce una oración no respondida. De hecho, lo he experimentado muchas veces. Oramos para que Fred Scott sanara del cáncer en 1985. Y fue sanado. Pero también oré por Khee Tay, otro hermano con cáncer; muchas personas y yo lo visitamos incontable número de veces, ayunando y rogándole a Dios que lo salvara. Pero murió de cáncer ese mismo año. En Italia, mi tío Augusto murió de cáncer hace algunos años, a pesar de las muchas oraciones. Mi abuela italiana murió hace apenas unos meses sin haber respondido al evangelio. Durante quince años oré por ella. Se deterioró tan rápido que mi oración para estar allá cuando muriera tampoco fue respondida. Cada una de estas oraciones sin respuesta fue muy dolorosa de llevar, y no había ninguna razón aparente (para nosotros) de por qué Dios no las había contestado. Sin embargo, amo a mi Padre en el cielo, y sé que Él me ama, aun cuando no responda como a mí me gustaría.

Muchas veces he orado por fruto cuando comparto mi fe, y aún no he visto llegar ese fruto. He orado por personas para que sigan fieles, y sin embargo se han apartado de Dios. He orado por personas para que se hagan cristianas, y sin embargo han rechazado el evangelio. He orado porque la iglesia alcance grandes metas, y sin embargo nos hemos quedado cortos en algunas ocasiones. He ayunado, he llorado, me he postrado en el suelo, he perseverado. Y sin embargo la respuesta ha sido "no" o "espera" una y otra vez. De hecho, si tuviera que compartir acerca de mis oraciones sin respuesta, una por una, este libro sería considerablemente mucho más largo. Estoy seguro de que muchos de ustedes han experimentado lo mismo.

Recuerdo en 1994 cuando estaba liderando la iglesia en Delhi. Oré y le rogué a Dios por el crecimiento de la iglesia. Ayuné. Lloré. Pero no importaba cuánto orara, la gente seguía alejándose de Dios y muchos decidieron no llegar a bautizarse. De rodillas, lloré y le pedí a Dios que cambiara las cosas. Finalmente, en 1995, la iglesia experimentó un gran avivamiento. Desde mi limitada perspectiva, muchas almas se perdieron porque Dios dijo no. Pero sólo su perspectiva es perfecta y totalmente a tiempo; sólo Él entiende lo que se necesita para evangelizar a la India y al mundo.

Las historias de milagros de nuestro trabajo en Bangladesh (que compartimos en los capítulos 14 y 16) son reales, y fueron muy animantes. Sin embargo, en 1999, algunos amigos muy queridos de esa iglesia buscaron divisiones, y tuvimos que pedirles que dejaran la congregación. Esto lo hicimos a pesar de las oraciones, del ayuno, y de las muchas lágrimas. Nos rompió el corazón. Hirió profundamente a la iglesia. Hasta el día de hoy siguen perdidos. ¿Dios me estaba diciendo que no? Su deseo de ver a esta pareja restaurada es seguramente mayor que el de cualquiera de nosotros en la iglesia. Pero en su misericordia, Él permite que las personas hagan lo que quieren libremente, incluso si eso quiere decir el que le digan que "no". Todavía creo que algún día mis amigos volverán. Pero ellos regresarán en el tiempo de Dios, no en el mío. Mientras tanto, hemos visto cómo la iglesia se levantó de sus cenizas, mucho más fuerte en su unión y propósito, con gente joven maravillosa que está ansiosa de salvar al país.

De igual forma, la historia del regreso a Jesús de John Emmanuel fue súper animante y excitante (capítulo 15). Sin embargo, otro amigo que se hizo discípulo en 1985, dejó al Señor unos años después. Oré por él durante años, pero no volvió a Dios. Por el contrario, tuvo una vida muy triste y difícil y murió hace dos años. Lo que pedí en mi oración no tuvo respuesta.

Perspectiva sana

Entonces, ¿qué significa todo esto? Las oraciones que reciben respuestas, ¿son simples victorias aisladas que no tienen nada que ver con Dios? ¿No existe un Dios que nos escuche? Así es como nos vemos tentados a sentir cuando Dios nos dice que "no". Pero debemos recordar que así como Jesús no sanó a cada persona que estaba enferma en el primer siglo, cada milagro que realizó fue especial. De igual forma nosotros debemos alegrarnos en los milagros que Dios sí hace a nuestro alrededor, sabiendo que no hay ninguna explicación terrenal para ellos. Y al mismo tiempo, debemos aceptar que cuando Dios dice "no", debe ser por nuestro propio bien, incluso si ahora no podemos entenderlo. En Romanos 8:28, Pablo dijo: *"Ahora bien, sabemos que Dios dispone las cosas para el bien de quienes lo aman, los que han sido llamados de acuerdo con su propósito".* Cuando Dios dice que "no", no nos dejemos deprimir o nos sintamos culpables, buscando en nuestros corazones la falta que lo llevó a no decir que "sí". Ni debemos cuestionar su fidelidad. Por el contrario, debemos alegrarnos en nuestra relación con Él, confiando en que su justicia y juicio no tienen falla, y ¡lo entenderemos mejor con el tiempo!

Apéndice II

CLASES - "LA ORACIÓN DE LOS JUSTOS"

Este libro puede enseñarse como una serie de clases, cubriendo dos capítulos por semana durante diez semanas. Cada semana tiene un reto específico y sencillo, además de cubrir el material del libro. (Los estudiantes deberán leer los capítulos que van a enseñarse en la clase y contestar las preguntas que se hallan al final de cada capítulo, además de las sugerencias a continuación).

Semana 1

Introducción y Capítulo 1: *"Voy a correr hacia ti"*
Esta semana comienza a tener oraciones consistentes cada día. Ten un cambio radical en tu relación con Dios. Durante los siguientes siete días empieza a formar los hábitos de oración que mantendrás por el resto de tu vida.

Semana 2

Capítulos 2 y 3: *"Caminaré sobre mis rodillas por ti y te perdonaré"*
Esta semana escribe un ensayo corto (de una a cuatro páginas) acerca de tu crianza y cómo ésta ha afectado tu visión de Dios. Pon la hoja ante el Señor, y háblale de ella. Comparte este escrito con uno de tus amigos espirituales cercanos.

Semana 3

Capítulos 4 y 5: *"Te sostendré por siempre y secaré tus lágrimas"*
Esta semana habla con Dios acerca de los momentos más difíciles de tu vida. Agradécele por protegerte y ayudarte en esos momentos. Ora siguiendo el poema "Huellas".

Semana 4

Capítulos 6 y 7: *"Tú eres mi joya; te cantaré una canción de amor"*
Esta semana encuentra una pieza de joyería. Sostenla en tu mano y examínala. Ora a Dios por todas las veces cuando te has sentido que no vales nada. Agradécele por amarte tanto. Pasa al menos media hora cantándole.

Semana 5

Capítulos 8 y 9: *"La santidad de Dios y su poder"*
Esta semana reúnete con otro hermano y hermana y sé abierto acerca de tu vida. Haz que él o ella se abra también. Oren juntos acerca de sus pecados y de la santidad de Dios. También, ve a un sitio que te inspire (solo o con un amigo) y alaba a Dios por su poder.

Semana 6

Capítulo 10: *"El cielo es un lugar maravilloso"* / Discusión
[Nota al profesor: Enseña el capítulo, y luego pasa diez minutos o más preguntándoles a los participantes qué piensan de cómo es el cielo, y por qué (pídeles que justifiquen con escrituras sus ideas)]. Pasa al menos media hora orando, alabando a Dios por el cielo.

Semana 7

Capítulo 11: *"El ABCD del Gran Estudio de la Biblia"*
Toma una hora o más para ir a través de un pasaje de la Biblia usando la técnica del ABCD. Trae tu trabajo a clase la próxima semana.

Semana 8

Capítulos 12 y 13: *"Amistad con Dios y una fe poderosa"*
Esta semana ten un tiempo especial con Dios como amigo. Trabaja en tu relación. También ora específicamente cada día, con fe, para que Dios haga un milagro en particular.

Semana 9

Capítulos 14 y 15: *"Alabando a Dios y consiguiendo su atención"*
Toma al menos media hora para pasar un gran tiempo alabando a Dios. También, elige tres cosas por las que orarás agresivamente cada día hasta que Dios te conteste. Escríbelas y tráelas a clase la próxima semana.

Semana 10

Capítulos 16 y 17: *"Manteniendo la frescura y moviendo el corazón de Dios"*
Esta semana, en tu tiempo de oración, haz algo que no hayas hecho antes. También, ora con pasión acerca de algo. Ora porque Dios ablande tu corazón hasta que broten las lágrimas.

Bibliografía

Bonhoeffer, Dietrich, *The Psalms: The Prayer Book of the Bible,* traducido por James H. Burtness, Minneapolis: Augsburg, 1974.

Bridges, Jerry, *The Joy of Fearing God,* Colorado Springs: Waterbrook Press, 1997.

Douglas Ed Cox y Edward A. Elliott, Sr., eds. *The Best of Andrew Murray on Prayer,* Uhrischsville, Ohio: Barbour Publishing, Inc., 1997.

Foster, Richard J., *Prayer: Finding the Heart's True Home,* Londres: Hodder & Stoughton, Ltda., 1992.

Law, William, *The Spirit of Prayer and The Spirit of Love,* editado por Sidney Spencer, Canterbury: Clarke, 1969.

Levi, Primo, *Survival at Auschwitz,* traducido por Stuart Woolf, Londres: Simon & Schuster, 1993.

Lucado, Max, *Six Hours One Friday,* Portland, Oregón: Multnomah Press, 1989.

Petre, Kelly y Dede, eds. *Our God is An Awesome God,* Boston: Discipleship Publications International, 1999.

Spurgeon, C. H., *Encouragements to Prayer* (sermón del 9 de julio de 1888), Londres: Passmore & Alabaster, 1894.